Jan Keijzer

„Moffenkind“ in Amsterdam
Und der Teufel kam mit Perlen

Jan Keijzer

„Moffenkind“ in Amsterdam

Und der Teufel kam mit Perlen

Rediroma-Verlag

Bibliografische Information der Deutschen Nationalbibliothek:
Die Deutsche Nationalbibliothek verzeichnet diese Publikation in der Deutschen Nationalbibliografie; detaillierte bibliografische Daten sind im Internet über http://portal.dnb.de abrufbar.

ISBN 978-3-98527-660-8

www.rediroma-verlag.de
10,95 Euro (D)

Inhalt

Mein Ursprung lag auch in der See

Es war ein harter Schicksalsschlag für Dina Petronella Holstein, als sie 1889 in Rotterdam die Nachricht erhielt, dass ihr Ehemann, Jan Keijzer, der als Marineoffizier für vier Jahre nach Niederländisch-Ostindien entsandt wurde, dort an Gelbfieber verstorben war. Da dieser erst 31 Jahre alt war, fiel die Witwenpension der Marine sehr gering aus und Petronella Holstein, also meine Urgroßmutter, die ursprünglich aus Deutschland stammte, hatte danach hart zu kämpfen, um das Leben für sich und ihre beiden Kinder zu bestreiten. Mein Großvater, auch Jan Keijzer, war damals zwei Jahre alt und seine Schwester Jo war fünf. Obwohl mein Großvater ein sehr guter Schüler war, konnte er deshalb nach Abschluss der MULO (etwa Mittlere Reife) keine weiterführende Schule besuchen und trug stattdessen durch allerlei Arbeiten zum Unterhalt bei, z.B. als Kutscher eines Pferdewagens für Warentransporte aller Art. Er erzählte mir vor allem von seinen morgendlichen Fahrten zu den Bauernhöfen, wo er für die Molkerei die vollen Milchkannen abholte und die leeren ablud. So war es eine große Entlastung, als er schon sehr jung zum Dienst bei der Königlichen Marine in Den Helder aufgenommen wurde und einen regelmäßigen Sold bekam. Mit guten autodidaktischen Trompetenkenntnissen konnte er sich zudem für den Marine-Musikkorps qualifizieren. Da auf See kaum musiziert wurde, sondern überwiegend am Standort oder in Gasthäfen, war er nach der Decksausbildung meist

Assistent im Maschinenraum. Schon bald aber wechselte er zur zivilen Handelsmarine, wo er als Maschinist anheuerte, und zog nach Amsterdam. Dort heiratete er 1917 meine Großmutter. Er fuhr in Folge auf mehreren Schiffen. Rasch stieg er vom Maschinenraum zum Passagierdeck auf, wo er – auch aufgrund seiner selbst ausgebauten Sprachkenntnisse in Englisch und Spanisch – die Stelle des Stewards erlangte. Zuletzt fuhr er bei der Koninklijke Hollandsche Lloyd auf dem Luxus-Passagierdampfer SS ORANIA im Liniendienst zwischen Amsterdam und Buenos Aires. Im Vergleich zu heute waren die Liner kleine Schiffe. Die ORANIA wurde 1922 fertiggestellt bei der Werft Barclay, Curle & Co in Glasgow, Schottland, und war 143 Meter lang und 18 Meter breit.

Auf der Rückfahrt von Buenos Aires nach Amsterdam lag die ORANIA am 19. Dezember 1934 vor dem Hafen von Leixoes (Porto), nahe Lissabon, vor Anker. Wie er erzählte, hatte mein Großvater gerade mit der Trompete zum Lunch geblasen und in den zwei Speisesälen nahmen die Passagiere Platz, als das Schiff von einem portugiesischen Frachter gerammt wurde. Ein großes Loch erstreckte sich vom Unterdeck bis unter die Wasserlinie. Das Schiff nahm sofort Wasser auf und begann langsam zu sinken. Unverzüglich wurde mit der Evakuierung begonnen. Zum Glück konnten alle Passagiere und die etwa 100 Mann Besatzung in die Rettungsboote verbracht werden oder wurden von den herbeigeeilten Booten im Hafen aufgefischt. Denn aufgrund der großen Schlagseite war den letzten Besatzungsmitgliedern der Weg über die Gangway versagt und sie mussten ein Bad im eisigen Wasser in Kauf nehmen. Soweit bekannt, wurden alle gerettet.

Am 24. Dezember 1934, Heiligabend, konnte meine Großmutter zusammen mit meinem damals dreizehnjährigen Vater und seiner jüngeren Schwester meinen Opa am Amsterdam Centraal Station in Empfang nehmen, wo er ohne Gepäck, nur mit seinem Brustbeutel und in Notbekleidung einer Hilfsorganisation auflief. Er fand danach keine Beschäftigung mehr in der Seefahrt und war bis in die Kriegsjahre hinein arbeitslos. Danach war er bis zu seinem 70. Lebensjahr Rezeptionist bei der Filmproduktions- und Kinogesellschaft NV Tuschinski, die auch viele Filmtheater betrieb, und saß mit toller lilafarbener Uniform am Empfang inklusive Telefonzentrale. Das prunkvolle alte Gebäude befand sich in unmittelbarer Nähe zum Rijksmuseum. Wenn ich bei Oma war, holte ich Opa manchmal zu Fuß von der Arbeit ab. Ich ging immer zu früh hin, denn dann durfte ich in einer der Tonkabinen sitzen und bei der Produktionsarbeit zusehen und -hören. Von dort sah ich den Film und musste mucksmäuschenstill sein, um die Einsprecharbeit nicht zu stören. Spannend! Und leere Büchsen und Spulen von 35mm-Rollen gab es oft geschenkt. Damit konnte man ganz tolle Dinge basteln und perfekt spielen.

Ein architektonisch außergewöhnlich beeindruckendes Gebäude, innen wie außen, ist das letzte noch heute bestehende Tuschinski-Filmtheater (Googlen) in der Reguliersbreestraat in Amsterdam. Zum Nikolaustag,

Sinterklaas, in Holland am 5. Dezember, gab es dort oft eine Sonderveranstaltung fürs Personal, zu der mich meine Großeltern mitnahmen. Es wurde ein Varieté-Programm gezeigt. Ich war besonders tief beeindruckt von den wunderbaren Klängen der live gespielten riesigen Hammondorgel (oder Wurlitzer?) und ihren Möglichkeiten. Es soll diese bis heute dort geben.

An seinem 70. Geburtstag wurde Opa nach zehn Jahren Tuschinski mit einer Feierstunde verabschiedet. Ein Foto dokumentiert das und zeigt ihn mit meiner Großmutter und einem großen Präsentkorb im Kreise des gesamten Kollegiums. An diesem Tag erhielt er auch die goldene Deckeltaschenuhr mit Kette, die er mir fortan immer als Erbstück versprach. Bei jedem Treffen durfte ich die Deckel öffnen und dem Ticken zuhören. Darüber später mehr.

Der Vater meiner Großmutter, Cornelis van Leeuwen, wuchs im Waisenhaus auf und landete mit 14 Jahren auf dem Ausbildungsschiff Pollux. Danach ging er als Matrose zur Marine nach Den Helder, dem großen Marinehafen. Als Adjudant-Major wurde er zweimal für jeweils vier Jahre in Niederländisch-Ostindien stationiert. Diese acht Jahre wurden der Dienstzeit doppelt angerechnet, wodurch er schon früh in Pension gehen konnte. Er wurde ehrenamtlich Vorsitzender der Schiffszimmerergewerkschaft und der Gesellschaft für Militäre Marineangelegenheiten. Zudem war er, mit Hilfe seiner Frau Akke de Vries, als sogenannter Vogt tätig und betreute die Kinder im Waisenhaus in Den

Helder. Er war sehr beliebt und behandelte alle Waisen wie seine Kinder. Neben meiner Großmutter Grietje van Leeuwen, geboren im Februar 1894, und ihren Geschwistern Cornelis, Antje und Katrien hielten sich deshalb regelmäßig zahlreiche Kinder auch privat im Hause van Leeuwen auf, so dass dort immer heftiges Leben herrschte. Cornelis emigrierte nach England und alle drei Schwestern zog es wegen ihrer Heirat später nach Amsterdam. Ob und wie der Erste Weltkrieg dabei eine Rolle spielte, ist nicht überliefert.

Wie der Zweite Weltkrieg es richtete

Wie berichtet war mein Großvater nach dem Untergang der SS ORANIA arbeitslos. Mein Vater (ja, auch Jan Keijzer), der 1921 in Amsterdam geboren wurde, war ein sehr strebsamer, jedoch introvertierter Junge und konnte schon sehr jung seine duale Ausbildung zum Bankkaufmann abschließen. Sein Schwerpunkt lag auf Devisen und Wertpapieren. Abends besuchte er seit langem die Sprachschule, um seine schulisch erworbenen Sprachkenntnisse in Deutsch, Englisch und Französisch auszubauen. So stand er schon mit 19 Jahren in Amsterdam laut ausrufend auf dem Börsenparkett. Ganz entgegen seines Naturells. Aufgrund dieser Beschäftigung konnte er den Unterhalt für sich und seine Familie verdienen, weswegen er vom königlichen Militärdienst befreit wurde. Sein Vater war bekanntlich arbeitslos und seine jüngere Schwester ging noch zur Schule. Als aber im Mai 1940 die deutsche Armee in Amsterdam eindrang, wurden alle arbeitsfähigen Männer zur Zwangsarbeit in deutschen Betrieben verpflichtet, da die meisten deutschen Männer im Krieg waren. Mein Vater wurde auf dem Weg zur Arbeit festgenommen und zu einer Sammelstelle verbracht, wo er registriert und fotografiert wurde. Sein Ausweis wurde einbehalten und er landete am Nachmittag gemeinsam mit anderen Männern in einem Mannschaftswagen der Wehrmacht, der nun alle Wohnungen der Festgenommenen abfuhr, so dass diese sich mit kleinem Gepäck zu Hause ausstatten und Verwandte oder Nachbarn informieren konnten, dass sie am nächsten Morgen zu einem Bahntransport nach Essen Ruhr eingeteilt waren. Dort erging es ihm besser als den polnischen und russischen „Kollegen“, denn als sogenannter Westarbeiter wurde er nicht in einer der zahlreichen geschlossenen Lager oder Notunterkünften untergebracht, sondern in einem Haus am Stadtrand in Essen-Werden, vormals wohl Jugendherberge, wo sich je drei oder vier Landsleute ein Zimmer teilten. Außerhalb der Arbeitszeit konnte er sich in dem in seiner Kennkarte ausgewiesenen Bezirk frei bewegen. Er erbrachte seine Leistung in einer Fabrik der Firma Krupp, wo er mittags auch an einer bescheidenen bis miesen Mannschaftsverpflegung teilnahm. Soweit überliefert, wurden dort Zünder für Bomben produziert. Worin genau seine Tätigkeit bestand, hat er nie preisgegeben, aber er war damals bei seinen 1,85 m ein absoluter Hänfling, dünn wie eine Bohnenstange und handwerklich – wie übrigens zeitlebens – absolut ungeschickt. Zur Fabrik fuhr er von Essen-Werden bis Essen-Süd mit dem Personenzug Richtung Essen Hauptbahnhof. In Essen-Stadtwald stieg meine Mutter zu. Die war beschäftigt im Büro bei der Reichsbahn am Hauptbahnhof. Nur wenige Minuten gemeinsame Fahrt, bis mein Vater ausstieg. Aber schon bald traf man sich auch außerhalb des Zugabteils. Bei der hübschen Berlinerin mit den knallroten Haaren und der großen Klappe und dem schwarzhaarigen, dürren und stillen Amsterdamer, mit seinen tiefbraunen Augen, hatte es zutiefst gefunkt.

Essen-Stadtwald, Schicksalsort

Über meine Urgroßeltern mütterlicherseits weiß ich nichts. Sie wurden nie erwähnt. Meine Großeltern waren Luise geborene Poschen und Max Günther, auf den ich später noch zu sprechen komme.

Sie lebten in Berlin-Niederschönhausen in einem beschaulichen Zweifamilienhaus im Grünen. Ihre Tochter Marianne wurde dort am 5. Januar 1921 geboren. Als sie etwa 14 Jahre alt war, ließen sich ihre Eltern scheiden und Mutter und Tochter zogen mittellos zu Tante Ria nach Essen-Stadtwald, die sie in ihrer Zweieinhalbzimmerwohnung in der Drosselstraße aufnahm. Tante Ria (Maria Poschen) war die alleinstehende Schwester meiner Großmutter. Nachdem ihre große Liebe im Ersten Weltkrieg gefallen war, war sie zeitlebens keine Beziehung mehr eingegangen und schenkte nun aufopfernd ihre ganze Liebe ihrer Schwester und ihrer Nichte.

Man lebte beengt, aber zufrieden in der kleinen Wohnung. Meine Mutter machte in Essen ihr Abitur und eine Berufsausbildung bei der Eisenbahn. Mit dem schicken Holländer aus dem Zug (Niederländer sagte man damals noch nicht) traf sie sich nun regelmäßig, wenn er am Abend Freischicht hatte. Und er war nun auch häufig Gast in der Wohnung von Tante Ria. Gemeinsam ging man abends auf risikoreiche Hamstertour oder fing in Schüsseln die schmelzende Butter auf aus dem von Brandbomben getroffenen Güterzug im Stadtwalder Tunnel. Und sie saßen vor dem aus dem

Schwarzwald gelieferten vollen Weinfass im Keller meines späteren Patenonkels Adam Ketzer, der Mutters Chef war bei der Reichsbahn, und beteten beim Bombenangriff: „Lieber Gott, bitte nicht das Fässchen!“.

Im März 1945 wurde Essen nochmals von schwersten Bombardements getroffen, wobei die Fabriken von Krupp endgültig platt gemacht wurden. Mangels Arbeitsplatzes wurde mein Vater so arbeitsloser Zwangsarbeiter und stand am 11. April mit allen Nachbarn der Drosselstraße und Hunderten anderen Stadtteilbewohnern unten am Stadtwaldplatz und erwartete die Panzer und Jeeps der Amerikaner, die von Mühlheim kommend über Bredeney und Frankenstraße anrückten. Eine Meute uneinsichtiger Holzköpfe hatte dort noch lächerliche Barrikaden aufgetürmt, um den Feind am Fortkommen zu hindern.

Dem Ami war dies doch nicht ganz geheuer und unter angelegten Waffen sprangen einige von ihnen auf die Menge zu und befahlen auf Deutsch: „Wegräumen!“ Mein Vater erhielt einen Stoß mit einem Gewehrkolben an die Hüfte und die Aufforderung „go“. Wenn es etwas gab, was mein Vater beherrschte, war es Sturheit. In fließendem Englisch erklärte er, dass er holländischer Zwangsarbeiter sei und der Allerletzte, der noch irgendetwas für die Deutschen wegräume. Er wurde daraufhin gegriffen und zu einem Jeep geführt, und ein Offizier wurde informiert, dass dieser Mann perfekt Englisch könne. „Können Sie auch gut Deutsch? Ja? Sehr gut. O.K. Wir suchen Dolmetscher.“ Er riss einen bedruckten Zettel von einem Notizblock und gab ihn meinem Vater. „Wenn Sie mögen, kommen Sie morgen um 10 in die Kommandantur.“ Die hatte man in einem Teil der Villa Hügel etabliert. Etwa 50 Fußminuten von der Drosselstraße. Damals kein Problem. Dort bekam Vater einen Job auf Probe mit Option auf zwei Jahre. Fortan erhielt er dann wöchentlich ein kleines Gehalt und eine gewisse Menge an Kaffee, Schokolade und – unbezahlbar – einige Schachteln Zigaretten. So kamen er und meine Mutter etwas besser durch die Nachkriegsjahre und er konnte zusätzlich die anderen Familien in Amsterdam und Essen versorgen.

Durch viel Beziehungen bezogen meine Eltern schon bald eine ganz kleine Mansardenwohnung am Sundernholz in Essen-Stadtwald, direkt bei Tante Ria um die Ecke, und heirateten zeitgleich. Ob Mutter dadurch auch die niederländische Nationalität erhielt, weiß ich kurioserweise gar nicht. Das war niemals ein Thema und ich erinnere mich nicht, jemals bewusst ihren Ausweis oder Pass gesehen zu haben. Ich gehe aber stark davon aus.

Am 7. April 1947 wurde ich im Krupp-Krankenhaus in Essen-Rüttenscheid jedenfalls als Niederländer geboren. In der Kapelle des Krankenhauses wurde ich auf Wunsch meiner Mutter getauft als Katholik. Mein Vater war nur laut Geburt Calvinist, stand aber jedem Glauben fern. Der Chef meiner Mutter bei der Bahn, Adam Ketzer, wurde mein Patenonkel.

Schon nach wenigen Monaten siedelten wir um nach Amsterdam, nicht zuletzt weil der Vertrag meines Vaters bei den Amerikanern auslief.

Es gab auch hier nur die Mansarde

Nur von Fotos und Erzählungen weiß ich, dass wir zunächst bei Opa und Oma gewohnt haben. In einer sehr kleinen Zweieinhalbzimmerwohnung mit WC, aber ohne Bad. In der Dritten Helmersstraat 7. Mein Vater arbeitete wieder bei der Bank. Aber es war kaum möglich, mit einer „Deutschen“ – und der Akzent, trotz guter Sprachkenntnis, verriet es natürlich – eine Wohnung zu bekommen. Denn es herrschte sowieso Wohnungsnot. Doch ein pensionierter Richter, Herr Thielrooy, bewohnte als Hauseigentümer mit seinem Sohn die Stockwerke 2 und 3 eines älteren Stadthauses in der Valeriusstraat und bot meinen Eltern etwa 1950, ich war drei, die nur halb ausgebaute Mansarde im 4. Stock an. Daran habe ich schon bruchweise eigene Erinnerungen. Die Häuser der ganzen Straße bildeten eine geschlossene Gebäudefront. Je Haus gab es zwei direkt nebeneinander liegende Haustüren. Eine davon führte zu der Erdgeschosswohnung mit Garten inklusive 1. Stock. Die zweite Tür schlug beim Öffnen dicht an eine sehr steile Treppe an, die in einem Stück direkt bis in die Wohnung im 2. Stock führte. Man ging durch den Flur der offenen Wohnung zur nächsten Treppe, die in den 3. Stock führte und so auch zum 4.. Es gab dort ein ausgebautes Wohnzimmer mit Dachterrasse davor, von wo aus man in den Innenhof des ganzen Blocks blickte mit den Gärten, und einen zweiten Raum unter den nackten Dachpfannen. Eigentlich nur genutzt als Dachboden. Vom Fenster dieses Raumes erreichte man heraushängend gerade so den am First hervorragenden Balken mit Kranhaken, in den bei Umzügen oder Lieferung von Kohlensäcken das Laufrad oder der Flaschenzug – je nach Gewicht – eingehängt wurde. Dort wurde fortan zu dritt geschlafen, direkt neben der Kohlenkammer. Im Winter mit dicken Handschuhen unter mehreren Wolldecken. Bei Wind und feinem Schnee bildeten sich kleine Schneewällchen unter den Pfannen. In einer Nische auf dem kleinen, zur Treppe offenen Flur wurde eine Notküche mit Kocher eingerichtet, der auf einem Regal mit Gardine stand, das als Küchenschrank diente. Einen Gas- und Wasseranschluss sowie Spülbecken hatte Herr Thielrooy nach oben legen lassen. Das musste reichen fürs Kochen, für nötigste Körperhygiene und für die Wäsche. Heißes Wasser wurde auf dem Gaskocher zubereitet. Das WC ein Stockwerk tiefer teilten wir uns eigentlich mit dem Sohn des Eigentümers, der auswärts studiert hatte und inzwischen in Den Haag wohnte, so dass er nur selten im Haus des Vaters war.

Jetzt fängt das Leben an

Mit vier Jahren kam ich obligatorisch in den Kindergarten. Hier wurde gesungen, gebastelt oder es wurden Spiele mit Ringelpietz gemacht. Nur selten war dies für mich entspannt. Der Hass auf alles Deutsche war sechs Jahre nach dem Kriegsende in Amsterdam noch allgegenwärtig. Für die Kindergärtnerinnen, die Juffraus (Fräuleins), war meine Mutter – wenn sie sich zurückhaltend ausdrückten – „die Deutsche“. Und im Nu war ich nur noch „der Sohn van die Mof“. Das färbte sofort auf die Kinder ab, die bald schon auch von zu Hause viele Bosheiten mitbrachten. Welchem Vierjährigen fällt schon folgender Spruch ein: „Das Beste an den Deutschen ist, dass sie nicht schwimmen können“. Ich verstand den Sinn erst später, als Opa mir erklärte, dass die Deutschen, wo immer es sich ermöglichte, in die Grachten gestoßen wurden.

Ich habe mich zwar als Kleinkind immer gewundert, warum ich beim Verteilen oder Zuteilen von Dingen immer und immer Pech hatte, als ich etwas älter wurde habe ich aber dann begriffen, dass es keine Zufälle waren. Nehmen wir nur zwei Beispiele:

Wenn es in den Sandkasten ging verteilte die Kindergärtnerin die Schaufeln und Eimerchen aus einer Kiste. Ich war immer als Letzter dran. Und es war immer eine Schaufel zu wenig da. „Du musst heute mal so spielen. Nächstes Mal wieder.“ Oder: „Ach ich habe keine Schere mehr. Heute nur mal reißen“. Schon klar, dass mein Gebasteltes am schlechtesten aussah.

Und das wurde auch herausgestellt. So wurden die Kinder unterschwellig darauf programmiert, dass ich „nur der Mof“ (in Holland mit einem F) war und so traf mich dann schonmal ungeahndet eine Holzschaufel am Kopf. Selbstwertgefühl, verzieh dich!

Mit sechs kam ich in die Schule und hoffte zutiefst auf Entspannung. Ich war schließlich ein echter Holländer und würde dies auch leben. Aber da kam es noch viel dicker. Der erste Riesenflop fand schon am Einschulungstag statt. Meine Gegenwehr war völlig zwecklos. Meine fest an die Gutmenschen glaubende Mutter war überzeugt davon, dass es andere Eltern und Kinder schön fänden, wenn ich nach deutschem Brauch mit einer ***Schultüte*** einlaufen würde. Ein in Holland unbekanntes Utensil. Ich stand also als einziger Depp mit dem von Mutter selbst gebastelten Statussymbol des deutschen Brauchtums vor der Schule und lieferte noch einer Vielzahl von Eltern die Steilvorlage, auf die Fragen ihrer Kinder zu antworten: „Das ist ein Mof aus Deutschland. Die haben immer eine Extrawurst.“ Und nun wusste es der ganze Stadtteil. Wenn ich auf der Straße mit Nachbarskindern spielen wollte, riefen manche Eltern die Parole aus dem Fenster: „Freek, du spielst nicht mit dem NSDAPler!“ Der Grundstein meines Rutenlaufens war gelegt. Nach Schulschluss wurde ich meist schon von einem Spalier Kinder erwartet, die mir eine auf die Lippe hauten, die Schultasche ausschütteten und Kleidungsstücke oder meine Mütze über einen Zaun warfen. Manchmal landete meine Mütze auch über einem

Hundehaufen. Wenn ich mich hinunter bückte, trat dann schnell noch einer drauf. Rottmoff, Rottmoff! Jeden Tag hatte ich mehr Angst. Selbst wenn ich einen Umweg wählte, rannte die Meute mir hinterher und schupste mich im Lauf heftig quer zur Seite, sodass ich wieder hinfiel und meine Schürfwunden an den Knien auffrischte. Wenn ich zu Hause davon erzählte, war meine Mutter oft so empört, dass sie fast weinte. Mein Vater aber meinte immer, das werde schon einen Grund haben. Als ich eines Tages wieder auf der Flucht war, drehte ich mich im Laufen um, um zu sehen, wie nah sie mir schon waren. Dabei rannte ich mit voller Wucht gegen einen Straßenbaum und fiel um wie ein Sandsack. Ich lag auf dem Rücken und konnte sehen, wie der Blumenhändler von der Ecke, den wir Oom Jaap nannten, angelaufen kam. Aber ich konnte mich nicht bewegen. Oom Jaap sprach mich an und nahm mich behutsam auf die Arme. Die Kinder waren verschwunden, aber der Gemüsehändler von gegenüber kam dazu. Der war unser Wohnungsnachbar und zeigte Oom Jaap, wo ich wohnte. Er trug mich die drei steilen Treppen hinauf in die Wohnung. Und noch bevor der von Mutti angerufene Arzt eintraf, konnte ich mich wieder komplett bewegen. Mutti sollte nur auf Symptome achten, falls ich eine Gehirnerschütterung gehabt hätte.

Auf der dritten Ecke unserer Kreuzung befand sich eine top Konditorei. In Holländisch Banketbakker. Ins Geschäft ging man drei Stufen hoch. Aber die Backstube lag im Souterrain. Die zweiflügelige Luke zum

Bürgersteig stand – außer bei Frost – meist weit offen. Der Bäcker kannte mich gut, denn ich stand häufig davor und beobachtete alle seine Arbeitsschritte aufmerksam und interessiert. Er war ein großer und sehr dicker Mann mit Glatze, und in seiner sehr kleinen und glühend heißen Backstube schwitzte er enorm, obwohl er nur ein ärmelloses, tief ausgeschnittenes T-Shirt über der karierten Hose trug. Aus einer Eineinhalbliterflasche mit Druckventil sprühte er von Zeit zu Zeit einen heftigen Strahl Wasser mit Kohlensäure direkt in seinen weit geöffneten Mund. Und wenn einer der zwei Siphons leer war, gab er mir den und einen Gulden und sagte: „Hol mir mal neues Wasser bei Albert Heyn." Das war eine Kreuzung weiter. Wenn ich wiederkam, nahm er den Boden eines kleinen Törtchens, fragte „Vanille oder Erdbeere?" und strich ihn voll mit Buttercreme. Und mit „Danke fürs Holen" reichte er es mir raus. Und ich hatte ihn als Beschützer entdeckt, wenn ich wieder von einem Trupp „Feinde" verfolgt wurde. Wenn ich es schaffte, flüchtete ich mich vor seine Luke und rief „Meneer, Meneer!". Dann trat er blitzschnell mit gespreizten Armen an die geöffnete Luke, röhrte wie ein Bär und ließ schlagartig seine untere Zahnprothese nach vorn aus dem Mund schnellen, wobei er abartig die Augen aufriss und wie ein Monster aussah, so dass alle Kinder mit einem Todesschreck auseinanderstieben.

Ich konnte dann die Schrecksekunde nutzen und schnell entwischen. Leider war dieser Effekt nach dem dritten Mal langsam verblasst, und ich musste es besser in einem Stück bis zu unserer Haustür schaffen.

Noch als Heranwachsender träumte ich, dass die Bande mir auf dem Fuß folgte und ich bis zur Hüfte in einer honigähnlichen zähen Masse zu laufen versuchte, aber nicht einen Deut vorankam.

Die Lederhose

Meine ganzen Beteuerungen, dass ich doch Holländer sei und meine Familie nichts mit dem Kriegsgeschehen zu tun hatte, sondern selbst Opfer war, kam ja nicht bei den Eltern an, sondern nur bei den Kindern, die zu Hause anders gebrieft wurden. Aber es kam noch schlimmer.

Mein Großvater mütterlicherseits – wie gesagt, komme ich noch auf ihn zurück – war in Ost-Berlin gut situiert und unterstützte seine Tochter in Amsterdam von Zeit zu Zeit mit Paketen. Ja, es gab Ostpakete! Meist waren darin gute Textilien, Schuhe oder Spielzeug. Es gab z.B. obertolle Rollschuhe, die schon Kunststoffräder hatten und sehr leise liefen. War blöd, weil es für meine soziale Stellung kontraproduktiv war und nun auch noch Besitzneid erzeugte.

Das letzte Paket enthielt aber den absoluten Supergau. Eine echte Lederhose. Mir wurde ganz elend im Magen, aber da wir sehr wenig Geld hatten und dieses teure und edle Luxusteil echte Robustheit und eine sehr lange Haltbarkeit versprach (nach heutigem Sprachmodus „ein nachhaltiges Arschkleid"), trat ich trotz allen Gezeters schon am nächsten Tag – wohlgemerkt in der Schule in Amsterdam – sechs Jahre nach Kriegsende – in der Krachledernen auf! Das Ausmaß an Spott, Beleidigung und Beschmutzung will ich nicht schildern. Nur ein Junge aus meiner Klasse trat in vieler Weise als Ausnahme hervor. Er war einer der zwei, zu denen ich einen empathischen Kontakt hatte.

Das beruhte auf Gegenseitigkeit. Zwischen den Unterrichtsstunden standen wir zusammen. So, wie ich damals auch schon ein wenig, spielte er Gitarre. Und er sang in den Schulpausen ungehemmt Shantis und Gospels. Er hieß Abi Cohen. Das sagte mir nichts weiter. Für mich als 9- oder 10-Jährigen war dies wie jeder andere Name. Nicht anders als Tom Kroon oder Piet Bakker.

Eines Tages verabredeten wir uns und ich besuchte ihn am Nachmittag. Er wohnte in einem Stift, das auf mich wie ein Kloster oder Wohnheim wirkte. In meiner Erinnerung führte eine zweiseitige mächtige Außentreppe aus Sandstein oder Granit zu einem erhöht liegenden Portal. Dahinter lag ein sehr langer breiter Gang, von dem beidseitig zahlreiche Türen abgingen. Es gab nur eine Glocke. Jemand öffnete die große Eingangstür und fragte, zu wem ich möchte. So wurde ich zu einer der Türen gebracht und fand dort Abi und dessen Eltern. Es wurde ein sehr nettes Treffen. Die Familie Cohen zeigte sich sehr interessiert an meinen Lebensumständen und meiner Herkunft und war außergewöhnlich freundlich zu mir. Und sie erzählten mir von ihrem Leben in diesem Kibbuz.

Und dann gab es noch zwei oder drei direkte Nachbarskinder, die mit mir gern auf der Straße spielten und deren Eltern auch sehr nett zu mir und meinen Eltern waren. Und die gingen auch nicht in meine Schule, sondern in die katholische Schule ein paar Straßen weiter. So waren sie nicht vom schulischen Mob beeinflusst.

Amsterdam kann man auch lieben

Von Montag bis Samstag arbeitete mein Vater bei der Bank in der City. Nur ganz selten hatte er am Samstag frei. Dann kam es auch mal vor, dass er mit meiner Mutter und mir am Tage in die Stadt ging. Sonst gingen wir zusammen nur abends. Das war üblich, dass die Menschen am Abend dort bummelten. Es war immer voll und man traf fast immer Bekannte. Überhaupt waren die Amsterdamer sehr gesellig. Wenn meine Oma oder mein Opa zum Beispiel Geburtstag hatten, kamen die nächsten Nachbarn einfach ohne Einladung um 11.00 Uhr vormittags zum Kaffee und zum Gratulieren. Es wurde ein kleines Törtchen (gebakje) gereicht, und man saß und stand so eine halbe Stunde zusammen. Am frühen Abend kamen dann gute Freunde und die Familie zum Feiern. Auch ohne extra Einladung. Unsere liefen so gegen 16.30 zum Tee auf. Es kamen meist die Schwestern und die Ziehschwester von Oma und Opas Schwester, alle mit ihren Männern, meine Tante Ak und wir, also Mutti, Vater und ich. In der kleinen Zweizimmerwohnung waren wir dann schnell zu 14 Personen, manchmal 16, wenn Vaters Cousine Leen und ihr Mann noch kamen. Und da fünf Stühle vom Esstisch, zwei kleine Sessel und ein Lehnstuhl aus Holz nicht reichten, wurden Hocker und Stühle vom Nachbarn geholt und möglichst im Kreis in dem 16 Quadratmeter Wohnzimmer angeordnet. Das schweißt zusammen. Nach ein paar kleinen Schnittchen zum Tee und ein Gebakje als Nachtisch ging man zunächst zu zwei bis drei obligatorischen Eierlikörchen und Sherry über und zu saugemütlicher Unterhaltung. Im Gegensatz zu heute wurde nicht quer über Kreuz durcheinander geredet, nein, jeder kam an die Reihe, etwas zu erzählen, während die anderen ihm oder ihr lauschten. So hörte man aktuelle Neuigkeiten aus der Familie oder der Nachbarschaft oder spannende oder lustige Geschichten aus der Vergangenheit.

Dazwischen gab es dann nochmal ein Bierchen oder ein Glas Wein. Oom Frits, der Mann von Tante Katrien, holte dann meist von irgendwo eine Tapetenrolle hervor und klebte mit Klebeband eine Bahn an die Schiebetür, die er bemalt und beklebt hatte und von der er lustige Moritaten vortrug aus dem Familiengeschehen der letzten Monate. Und die Refrains wurden von allen kräftig mitgesungen. Sein trockener Humor und der Witz, mit dem er die Dinge immer auf den Punkt brachte, waren zum Schreien komisch und es flossen Tränen vor Lachen. Und für den einen oder anderen war es auch schon mal etwas peinlich. Aber niemals abfällig oder gemein. Jedenfalls gab es danach immer weiteren auffrischenden Gesprächsstoff.

Wenn dann gegen 21.30 Uhr alle schon etwas müde wurden und auch mal eine längere Pause im Unterhaltungsfluss aufkam, stimmte meine Oma mit glasklarer Stimme ganz leise eine Melodie an. Immer sehr sentimentale friesische Volkslieder aus dem Bereich Sehnsucht und Tragik der Seefahrerfrauen oder im Sturm untergegangener Höfe. Und dann stimmten erst leise, dann immer kräftiger nach und nach die Frauen und dann die Männer mit in den Gesang ein, und es endete mehrstimmig, sehr gefühlvoll fortissimo und war für mich absolut professionell. Meine Gänsehaut war noch nicht ganz abgeklungen, wenn dann gegen 22.00 Uhr alle begannen, die Sachen abzuräumen, und sich gleichzeitig auf den Weg machten. Wenn es am schönsten ist, soll man aufhören.

Aber zurück zum Bummeln in der Stadt. Wenn Vater arbeitete, ging ich in der Woche häufig mit Mutter allein. Wir fuhren mit der Tram Linie 2 bis Singel. An der Kade, also der Kaimauer dieser Gracht entlang, fand täglich Blumenmarkt statt. Vor vielen Pflanzen blieben wir immer wieder stehen und Mutter befragte die Händler nach diesem und jenem. Der leicht moderige Grachtengeruch und der Blumenduft wurden eingehüllt in Bier- und Kaffeeschwaden aus den Grachtenkähnen und den anliegenden Cafés und Pinten. So gingen wir entlang der Stände und der Schuten bis zum Münzturm (De Munt), aus dem fast jedes Mal das Glockenspiel ertönte und mich mit eingängigen bekannten Melodien auf besondere Weise immer stark berührte. Dann bogen wir ein in die Kalverstraat, eine der Hauptgeschäftsstraßen. Schon damals Fußgängerzone. Hier brodelte immer das Leben und es gab sehr viel zu hören und zu sehen. Und auch hier fehlte es nicht an interessanten Gerüchen. Dabei waberte immer von irgendwoher der Klang der typischen Drehorgeln, die wie Orchestrions mit Kastagnetten, Trommeln und Glocken ausgestattet waren. Anschließend überquerten wir den Platz Damrak mit dem Königspalast, wo wir immer eine Zeit vor dem ständigen Puppentheater (Poppenkast) stehen blieben und den Geschichten von Jan Klaassen (Kasperle) lauschten, bevor wir das Traditionskaufhaus Bijenkorf durchkämmten. Durch jede Etage klapperten rhythmisch die Stufen der alten Holzrolltreppen: klack klack klack … klack klack klack … klack klack klack …

Die Spielzeugabteilungen in den Kaufhäusern waren damals auch noch aufregend, da Kinder das meiste noch anfassen und bespielen durften. Da waren z.B. Modellbahnen aufgebaut und fernsteuerbare Autos. Die waren noch mit Spiralen verbunden, die vom Bedienteil aus das Lenken ermöglichten und das Vorwärts- oder Rückwärtsfahren. Ringsum ratterte und pingelte es, und die Spielgeräusche mischten sich mit Kindergejohle, Kaufhausmusik, Gerüchen vielerlei Materialien und Durchsagen. Es waren immer mehr die vielen Eindrücke, die uns die Freude brachten, denn zum Kaufen fehlte meist das Geld. Und wenn mal Wünsche erfüllbar waren, handelte es sich oft um ohnehin benötigte Kleinigkeiten. Aber sehr schön war es immer mit uns beiden. Und Mutter öffnete meinen Geist dafür, die Umwelt und die Menschen aller Couleur mit Respekt, Interesse und Toleranz wahrzunehmen. Und Amsterdam hatte eine sehr bunt gemischte Bevölkerung und präsentierte eine Vielfalt an kulturellen Eindrücken. Besonders bedingt durch die Aufgabe der Kolonien in Indonesien, Süd- und Nordamerika sowie der Karibik. Das hat sehr viele Menschen, die dorthin gezogen waren, mit ihren Partnerinnen und Partnern und ganzen Familien zurück in die Niederlande gebracht.

Wenn Markttag war, lief ich mit Mutter zur Kinkerstraat, um Fisch zu kaufen. Ein Kabeljau war damals noch riesig, meist so um einen Meter lang und größer und eine Scheibe vom Rumpf hatte 30 Zentimeter Durchmesser und kostete nur einen Bruchteil einer Fleischportion. Dann gab es Kochfisch mit Senfsoße. Herrlich. Wenn nur nicht der Weg so weit gewesen wäre. Apropos weit. Eine Sache, die Mutter neben Heimweh besonders schmerzte, war der Entzug vom deutschen Brot. Und trotz der besonderen Ausgaben erfüllte sie sich einmal im Monat den Wunsch nach einem echten Steinofenbrot. So ein rundes Graubrot mit Sauerteig und dunkelbrauner Kruste. Das gab es in einer deutschen Bäckerei in der Beethovenstraat. Und dahin liefen wir dann je Weg eine Dreiviertelstunde. Aber es lohnte sich. Dicke Scheibe nur mit Butter, ein Genuss.

Es tat auch manchmal weh, zu verzichten

Unweit unserer Wohnung in der Valeriusstraat befand sich das Van-Heus-Monument. Dort stand eine große Statue auf einem etwa drei Meter hohen Sockel und dahinter ein aus Kindersicht turmhoher Beton- oder Steinrahmen. Das Gebilde stand am Rande eines großen Wasserbassins. Von links und rechts des Denkmals, das irgendwie mit Indien zu tun hatte, spuckten zahlreiche Fontänen Wasser in das Becken. Das klare Wasser stand darin etwa gut einen halben Meter hoch und das kreisförmige, innen blaue Becken war eingefasst von einer etwa 60 Zentimeter hohen Steinmauer. Von Frühjahr bis Herbst ließen dort Kinder und erwachsene Hobbykapitäne ihre Modellboote fahren. Die hatten in der Regel noch keine Funkfernsteuerungen, die damals noch riesig und schwer waren, und wurden meist mit fest eingestelltem Rudereinschlag auf den Weg von einer zur anderen Seite geschickt. Und wenn Wind und Wellen es anders wollten und eine Segeljacht kenterte oder ein Motorboot havarierte, wurde das geltende Badeverbot übersehen und manche Hose ausgezogen oder aufgekrempelt. Glücklich war, wer ohnehin schon Shorts oder Badehose trug. An diesem Bassin konnte ich Stunden zubringen, und zunehmend wuchs mein Wunsch, auch einmal eine solche Jacht zu besitzen. Der Wunsch nach einer Eisenbahn war unrealistisch, da gewiss zu teuer. Aber so ein Boot sollte doch möglich sein. Und so habe ich diesen Wunsch bei meinen Eltern vorgetragen. Ob zum Geburtstag oder zum Nikolaus (in Holland bekanntlich statt Weihnachten), weiß ich nicht mehr. Aber ich bekam ein kleines Modell eines Fischkutters. Unförmig, aus Sperrholz, ohne Farbe oder Lack, ohne Kiel und Ruderblatt und nicht schwimmfähig. Schade um die paar Gulden. Ich habe es nie angefasst.

Ein Schüler hatte ein kleines Jugend-Akkordeon. Ein vollwertiges Markeninstrument. Als ich dies zwei Tage leihen durfte, konnte ich schon ein Stück darauf spielen. Links auf der Tastatur die Melodie, rechts auf den Knöpfen die Bässe mit Rhythmus. Und die Schule bot Unterricht dafür an. Da es nicht billig war, wünschte ich mir so ein Instrument als Gemeinschaftsgeschenk von allen zusammen. Mein Vater wollte es niemandem antragen und ich bekam von meinen Eltern eine Spielzeugversion. Eine mit zehn Knöpfen. Ziehen gerade Töne, drücken halbe Töne. Nur mein Vater hat versucht, darauf eine Melodie zu spielen.

Ein Nachbarsjunge später in Essen ging immer mit einem kleinen Segel-Modellflugzeug aufs benachbarte Feld. Es hatte keine Fernsteuerung. Aber mir hatte es der ganz kleine Benzinmotor angetan. Wenn er lief, wurde das Flugzeug aus der Hand abgeworfen und flog selbständig Kreise. Wenn die paar Zentiliter Benzin verbraucht waren, blieb der Motor stehen und das Flugzeug segelte mehr oder weniger zu Boden. Ein Bausatz für das Flugzeug war echt erschwinglich. Der Mini-Motor kostete – ich weiß es wie heute – 39 DM.

Als wieder Geschenkzeit war, bekam ich ein kleines Segelflugzeug aus Draht mit Folie. „Das hat einen Gummimotor“, pries es mein Vater an. „Das macht keinen Lärm und du musst alles nur zusammenstecken. Du hättest ja gar keine Zeit, das andere Modell zusammenzubauen.“ Vom Heck zur Nase waren mehrere lange Gummibänder gespannt und mit dem Propeller verbunden. Mit dem Finger drehte man den Propeller so lange in die richtige Richtung, bis die Gummis fast rissen. Dann Propeller loslassen und Flugzeug abwerfen.

„Frtfrtfrrrrrrrrrrrrr.“ Aus!

Es war, als wenn man einen aufgeblasenen Ballon „flitzen“ ließ. Genau so kurz, aber nicht so lustig.

Ich habe mir danach nie mehr etwas sehnlicher gewünscht, als dass meine Mutter gesund würde. Erst weit nach ihrem Tod habe ich als Erwachsener wieder Wünsche generiert, die meine Frau und ich uns meist gemeinsam oder gegenseitig erfüllt haben. Komplett aus eigenen Mitteln. Aber zurückblickend habe ich mich oft gefragt, warum es in meiner Kindheit immer so wenig Geld gab, dass z.B. an Konzert- oder Theaterbesuche nicht zu denken war, obwohl wir bescheiden und solide lebten. Und warum ich fast nur geschenkte, gebrauchte Kleidung tragen musste, die meine Mutter geschickt für mich änderte. Mein Vater war doch ein viel arbeitender Bankkaufmann mit Diplom zum Börsenhändler und beherrschte vier Fremdsprachen. Aber er verdiente offenbar immer nur so wenig, dass es knapp zum Leben reichte? Konnte er sich nicht genügend gut präsentieren?

Heute gehen wir ins Museum

So drei bis vier Mal im Jahr ging meine Mutter mit mir in eines der interessanten Museen. Das kostete nur so viel wie damals eine Straßenbahnkarte. Im Tropischen Museum, damals auch Indisches Museum genannt, wurde das Leben und die Kultur verschiedenster Völker vorgestellt und man lernte die Topografie der tropischen Gebiete samt Fauna und Flora kennen und damals – in den 50er Jahren – vor allem auch die Geschichten der Kolonien. Die allerdings hat meine Mutter immer wegen Abneigung zu Herrentum und Inbesitznahme möglichst umgangen. Heute wird das auch sicher anders präsentiert. Im Indischen Museum besuchten wir gezielt die Darbietungen Indonesischer Tanzgruppen. Ein Moderator erklärte immer die Darstellung jedes Tanzes und die Bedeutung und Aussage der Bewegungen und vor allem der Hand- und Fingerstellungen. Am liebsten mochten wir „Die Mondfinsternis", in der der Drache der Finsternis die Göttin des Mondes verschlang. Eine etwa 25 Zentimeter große Skulptur dieser Darstellung besaßen wir nämlich aus stark duftendem Sandelholz, die uns Onkel Alfred aus Indonesien geschickt hatte, der Jugendfreund und Nachbarsjunge meiner Mutter aus Niederschönhausen, der als Arzt ausgewandert war. Der schickte Mutti auch mehrmals eine 10-kg-Dose Kaffeebohnen, die wir beim ersten Auspacken für Erdnüsse gehalten hatten, weil sie fast weiß waren, nach nichts rochen und noch im Backofen geröstet werden mussten. Wenn man es nicht richtig kann ein mühseliges und gewagtes Unterfangen mit zuerst mäßiger Erfolgsquote und oft unerfreulichem Dufterlebnis.

Aber am liebsten ging ich ins Rijksmuseum. Am wenigsten wegen der Gemälde. Aber ich liebte das Areal mit der maritimen Geschichte, wo Seeschlachten en Miniatur nachgebildet waren und Schiffsmodelle vom 13. bis 17. Jahrhundert in riesigen Größen anzusehen waren. Von Kanonen und Rüstungen ganz zu schweigen. Der Höhepunkt war dann aber immer der Besuch im Raum der Nachtwache. Nicht nur wegen des Gemäldes. Wir besuchten dort Oom Henk. Der Mann von Tante Lise, der Nennschwester meiner Oma aus dem Kinderheim in Den Helder, besserte seine Rente auf als Museumswächter. Er beging das Revier um die Nachtwache herum. In dem Raum, in dem nur das Gemälde *Die Nachtwache* hing, hatte man direkt neben dem Kunstwerk einen hölzernen Stuhl aufgestellt, auf dem der Wächter nach seinem anstrengenden Rundgang durch die alten Meister Platz nehmen konnte, um sich wieder auf die strikte Bewachung dieses Meisterstücks zu konzentrieren. Und jedes Mal, wenn wir diesen Raum betraten, saß Oom Henk mit auf die Brust vorgefallenem Kopf dort, Uniformmütze auf den Knien, und schnarchte gemütlich vor sich hin. Verdattert und aufgeschreckt sprang er dann auf, wenn wir ihn an tickten und fröhlich begrüßten. Etwas mühsam fiel dann auch der Smalltalk aus, und mit „Grüße an Tante Lise“ zogen wir weiter unsere Runde. Natürlich ohne uns in irgendeiner Form lustig zu machen.

Sonntags mal mit Vater aus, mit Mutti oft nach Essen

Ich kann mich nicht an sehr viele Ausflüge gemeinsam mit meinem Vater erinnern. Aber die Fahrten nach Zandvoort aan Zee sind mir unvergesslich. Abgesehen von dem Vergnügen am Nordseestrand mit kräftiger Brandung war die Fahrt schon ein besonderes Erlebnis. Schwer bepackt mit diversen Taschen mit Badesachen und Verpflegung fuhren wir mit der Straßenbahn ins Zentrum zum Platz Spui und stiegen dort um in die sogenannte Haarlemsche Tram. Diese elektrische Schmalspurbahn juckelte von dort, unter ständigem Tröten, ein ganzes Stück durch den Trubel der Stadt und fuhr dann von der westlichen Stadtgrenze an auf einer eigenen Trasse über das Städtchen Haarlem bis nach Zandvoort. Dort endete die Strecke nach zirka 45 Minuten direkt vor dem kleinen Ort, der damals noch sehr ländlich anmutete. Beim Aussteigen fluteten einem zwei markante Gerüche in die Nase. Carbolineum, das damals obligatorische schwarze Holzschutzmittel von den vielen Holzhäuschen, und salzige Seeluft. Und außer dem permanenten Rauschen der Brandung hörte man kaum etwas. Die Autorennen gab es ja noch nicht. Nach 15 Minuten Fußmarsch vorbei an Wochenendhäusern und kleinen schlichten Pensionen waren wir am Strand. Meine Eltern leisteten sich dann den Luxus, zwei einfache Liegestühle zu mieten (diese Klappdinger), und es wurde eine Decke auf dem Sand ausgebreitet. Nach dem Badegenuss und Ballspiel wurde die obligatorische Strandverpflegung ausgegeben. Kartoffelsalat und harte Eier und ein Stück Salatgurke auf die Hand, Kaffee aus der Thermosflasche mit Naturkorken und ein Fläschchen Kakao. Als Abschluss vor dem Sonnenuntergang noch eine saure Gurke vom Strandverkäufer und dann zur letzten Tram zurück nach Hause. Ein anderes Mal fuhren wir mit dem Bus in eines der Seengebiete, wo Vater uns im alten Holzkahn umherruderte, dicht entlang Teppichen aus Seerosen und bis in windgeschützte Schilfzonen, wo dann die bekannte Picknicktasche ausgepackt wurde und ich – gesichert durch die Bootsleine – ins Wasser gelassen wurde. Erst später lernte ich das richtige Schwimmen.

In allen Ferien fuhr ich mit Mutter – und später auch mit meiner Schwester – nach Essen zu Tante Ria. Das war von Beginn an sehr aufregend. Wir fuhren mit dem Taxi zum Centraal Station, damals meine einzigen Gelegenheiten, mit dem Auto zu fahren. Wir waren immer sehr zeitig auf dem Bahnsteig. So hatte ich meist noch Zeit, nach vorn zu laufen und die Lokomotive zu „inspizieren". Es war immer die Dampflok der Deutschen Reichsbahn mit der Baureihe 01, eine Schnellzug-Tenderlok mit gewaltigen Rädern von 2,00 Metern Durchmesser. Überall zischte es schon ein Wenig und ein Ventil öffnete und schloss im ganz regelmäßigen Rhythmus unter Ablassen kleiner Dampfwölkchen … kating kataahh, kating kataahh. Mutti drängte mich aber zuletzt immer, nun doch endlich einzusteigen, wenn die letzten fünf Minuten vor

Abfahrt angebrochen waren. Meistens fanden wir Fensterplätze in einem Abteil. Ob Mutti diese vorher reserviert hatte, weiß ich nicht mehr. Nachdem der Zug mühsam und allmählich auf Tempo gekommen war, zählte ich mit der Nase am Fenster die Sekunden, 21, 22, 23. Wenn es 15 Sekunden dauerte, bis der nächste Kilometerstein am Bahndamm vorbeihuschte, jubelte ich: „120, 120!!" Denn dann hatte die Lok ihre Höchstgeschwindigkeit erreicht. Mit Zwischenstopps in Utrecht, Emmerich, Oberhausen und Duisburg dauerte die Fahrt damals 4,5 Stunden. Ja, richtig. Reiseverpflegung Kartoffelsalat, harte Eier und Gurke. Die gab es, wenn wir das Hermanns Denkmal gesehen hatten, die Porta Westfalica. Und ab dann wurde Deutsch gesprochen. Da Mutter mit mir von klein auf sowieso sehr viel Deutsch sprach, konnte ich die Sprache akzentfrei und fließend. So spielte ich in Essen mit den Nachbarskindern in Hof und Garten, die mich alle kannten und immer sofort integrierten. Der Holländer ist wieder da. Der Jan aus Amsterdam. Und in der Bäckerei oder beim Milchmann sprach man mich an: „Na, Jan, besuchst du wieder deine Oma?" Und das war ja Tante Ria auch fast für mich. Oma Günther, die nach einem Schlaganfall von Tante Ria gepflegt worden war, kannte ich ja kaum. Sie war schon 1951 gestorben.

Oft verbrachten wir Weihnachten in Essen. Es weihnachtete in dieser Stadt intensiver als in Amsterdam. Dort wurde das Nikolausfest (Sinterklaas) traditionell heftiger gefeiert. Und Mutti fühlte sich dann in Essen eher heimatlich. In der Drosselstraße, wo wir dann bei der Großtante wohnten, stand eine kleine Holzkirche. Wie die Gemeinde es nannte, eine Behelfskirche. Und dort gingen wir – gegen sonstige Gewohnheit – am Heiligabend manchmal hin. Ich fand diese urgemütlich. Links und rechts des Mittelgangs gab es etwa jeweils zehn Bänke mit je fünf Plätzen, sodass etwa 100 Personen sitzen konnten. Dahinter standen die Menschen in mehreren Reihen gedrängt, um an dem Gottesdienst teilzunehmen. Im Gegensatz zu anderen Kirchen hatte diese keinen Hall, da sie sehr niedrig und komplett aus Holz gebaut war. Alles klang weich und natürlich, wie im Wohnzimmer, und das kleine Harmonium fügte sich hier prächtig ein. Wenn dann gesungen wurde, ging mir das nahe. So wie bei Familientreffen bei Oma in Amsterdam. Wenn es in der Kirche auch nicht vergleichbar harmonisch klang.

Aber zeitlebens erinnere ich mich an eine Besonderheit. Auf einem kleinen Tisch direkt neben der sehr hübsch aufgebauten Weihnachtskrippe, in der Nähe des Altars, befand sich immer eine weitere Figur. In etwa 30 Zentimetern Größe saß dort ein afrikanisches Kleinkind, das nur einen Lendenwickel trug, auf einer Kiste mit einem Schlitz für Münzeinwurf. Vor der Kiste stand ein Schild mit der Aufschrift (sorry, ich zitiere nur): *„Ihre Spende für arme Negerkinder“*. Und beim Einwurf eines Groschens erklang ein Glöckchen und das Kind nickte zum Dank wackelnd mit dem Kopf. Obwohl ich selbst noch Kind war, fand ich dies skurril. Es machte mir ein unbehagliches Gefühl, und es stand für mein Empfinden nicht im Einklang mit der Menschenwürde, die mich meine Mutter immer gelehrt hatte.

Eine Reise mal anders

Wie versprochen will ich nun kurz auf meinen Großvater mütterlicherseits zurückkommen. Dieser war ja nach der Scheidung von meiner Großmutter in Berlin zurückgeblieben und das war nach dem Zweiten Weltkrieg bekanntlich Sowjetische Besatzungszone und hinter dem „Eisernen Vorhang". „DDR".

Mein Großvater war Diplomingenieur Maschinenbau und ein passionierter Sportler. Als Leichtathlet hatte er sich wohl weniger vorn platziert, aber als Ruderer soll er einen gewissen Bekanntheitsgrad erzielt haben. Leider sind mir keine Details überliefert. Ich kann aber folgendes berichten:

Als, soweit ich mich erinnere, 1954 der allererste Interzonenzug mit Sondergenehmigung einmalig von Amsterdam durch die DDR nach Ost-Berlin fahren durfte, hatte Großvater Max alles besorgt, was benötigt wurde, um in Amsterdam die Reisedokumente für diese Fahrt durch die Zone zu bekommen. Ich werde nie vergessen – ich war sieben – wie meine Mutter vor dem gestopft vollen Zug anfing, Rotzblasen zu weinen, weil keine Chance bestand, hier mitzukommen. Der Zugbegleiter der Niederländischen Eisenbahn, damals genannt Condukteur, eilte herbei und fragte meine Mutter, ob etwas vorgefallen sei. „Nichts weiter", sagte sie, „ich habe nur seit 19 Jahren meinen Vater nicht gesehen und komm jetzt nicht mit."

„Keine Sorge", sagte er und sprach mit energischer Stimme die bis zur Türkante gedrängten Menschen an.

„Bitte steigen Sie kurz nochmal aus. Bitte schnell. Sie können gleich alle wieder auf Ihren Platz zurück."

Widerwillig kamen drei, vier Leute die Stufen hinab, und da stieg der Schaffner mit unserem großen Koffer ein, öffnete die Tür der Zugtoilette und stellte den Koffer rein. „Kommen Sie jetzt!" Mutti und ich wurden in die Toilette gesetzt. Mutti auf dem Klodeckel und ich auf dem Koffer. „Wenn Sie das aushalten, haben Sie sogar einen Sitzplatz. In Magdeburg steigen sehr viele aus. Gute Fahrt." Dann klappte er ein Schild an der Tür aus „defekt" und schloss die Tür. Stunden später wurde beim längeren Halt in Marienborn die Tür harsch geöffnet von der Volkspolizei der DDR. Da alle Papiere in Ordnung waren und Mutti den Verbleib auf dem Klo plausibel machen konnte, blieben wir dort noch eine Zeit. Eine Folter für ein Kind, wenn man zu allem nichts sehen kann. Ich kann mich nicht wirklich erinnern, wann wir herauskamen. Noch immer stand eine Gruppe uniformierter Männer vor dem WC und rauchte. „Könnten die Polizisten uns mal rauslassen?", forderte meine Mutter.

„Sie kennen wohl die deutsche Wehrmacht nicht!", polemisierte einer der Bundeswehrsoldaten.

„Ich schon", sagte Mutti, „doch als es die gab, lagen Sie noch in den Windeln". Lautes Gelächter.

Als der Zug in den Bahnhof Berlin Ost einlief, stand Mutti aber inzwischen direkt am geöffneten Türfenster und konnte trotz Menschenmenge Winkkontakt zu ihrem Vater aufnehmen, den sie in der Masse auf dem Bahnsteig sofort entdeckt hatte, und zu ihrer Halbschwester, die erst elf Jahre alt war und meine Tante, die sie nur von Fotos kannte. Und ich kannte beide nur vom Papier. Unter uns allen war es aber sofort ohne jedes Fremdeln und nach entsprechender emotionaler Begrüßung mit Tränen bewegten wir uns in der Menge zum Ausgang. Ein Mann im weißen Oberhemd mit dunkler Weste kam mit hinkendem Gang auf uns zu und nahm Großvater den Koffer ab. „Das ist Erich", sagte Opa, „Erich, mein Chauffeur. Das sind meine Tochter und mein Enkel."

Mit „guten Tag" und Kopfnicken gingen wir zu einer kleinen schwarzen Limousine und als der Koffer verstaut war, fragte ich Herrn Erich nach der Automarke und erfuhr, es sei ein BMW. In der Wohnung in der Zeppelinstraße angekommen lernten wir dann die Frau meines Opas und Mutter seiner kleinen Tochter Regina kennen. Mutti sollte sie Mika nennen und ich sollte Tante Mika sagen. An die damals schon alte Wohnung kann ich mich nicht im Einzelnen erinnern. Aber es gab ein Bad mit Wasserboiler und wir schliefen in einem eigenen Zimmer. Und als es vormittags klingelte, kam ein Mann mit einem einen Meter langen, ca. 30 x 30 cm dicken Eisklotz auf der Schulter die Treppe hinauf, ging in die Küche und versenkte den zuvor noch mit einem Eispickel mittig geteilten Klotz in ein Fach hinter dem so genannten Eisschrank. Kühlen ohne Strom. Jede Woche neues Eis.

Wir blieben 14 Tage dort und es gab zahlreiche Erlebnisse und viel Abwechslung. Am ersten Tag ging ich mit Regina und einem Nachbarjungen zu Fuß in den Pionierpark, in der Wuhlheide. Dort waren Rutschen, Schaukeln, ein Badesee und ein Kettenkarussell. Aber das Aufregendste an Berlin war, dass Opa fast täglich das Telefon (!) nahm und den Wagen anforderte. Erich, wir möchten um 11.00 Uhr dort und dort hin. Und pünktlich stand das Auto vor der Tür. Mit sieben Jahren fand ich das nur oberscharf. Aber für die Menschen im Umfeld war das sicher eine unverständliche Provokation. Der Sozialismus privilegierte seine höher angesiedelten Parteigenossen öffentlich in unglaublicher Weise. Als ich in späteren Jahren anfing, mich für Sozialstrukturen in der „Zone“ zu interessieren, glaubte ich, dass Opa so etwas wie ein hochrangiger Funktionär des Sports gewesen sein muss, da er uns auch gezeigt hatte, dass er sein Büro im „Haus des Sports“ hatte.

Aber ich genoss damals ahnungslos den mir völlig unbekannten Wohlstand, der nichts mit der Realität in der DDR zu tun hatte. Während eines Bummels über die Stalinallee kaufte mir Opa z.B. spontan eine tolle russische Armbanduhr und eine Angelausrüstung. Nicht nur, weil ich vom Angeln in Holland geschwärmt hatte, wie sich später herausstellte.

Die letzten fünf Tage unseres Aufenthalts verbrachten wir in Kienbaum. In einer top Anlage mit Reihenbungalows, Speiseraum und diversen Nebengebäuden und Bootslager schliefen Mutti und ich in einem komfortablen Zimmer mit Bad und WC, über dessen Terrasse der direkte Zugang zum Bootssteg am großen See möglich war. Gefrühstückt und gegessen wurde an einem großen Tisch im Speiseraum, an dem wir von einer sehr netten Dame bedient wurden. Offensichtlich waren wir auf dem Gelände die einzigen Gäste. Individuelle Wünsche für die Küche waren möglich. Opa wurde hier behandelt wie der Hausherr. Ich konnte schwimmen, Kanu oder Ruderboot fahren und vor allem angeln. Deshalb hatte Opa meine neuen Angelsachen mitgenommen. Den Fang nahm die Dame in der Küche gern für ihre Eigenverwendung entgegen, hätte ihn aber auf Wunsch auch für uns zubereitet, wie sie sagte.

Ich habe auch diesen Großvater geliebt und bewundert, schon aufgrund der außergewöhnlichen Erlebnisse, die er mühelos ermöglichen konnte. Erst als Erwachsener habe ich das alles durchblickt. Vor allem dann, als ich Berichte von Kienbaum als ganz aktuellen Olympia-Trainingsstützpunkt aus den Medien sah. Obwohl ich Opa, Mika und Regina sehr gemocht habe, hat sich in den Sechzigerjahren der Kontakt verloren. Bewusst blockiert durch meinen Vater. Aber darauf komme ich vielleicht noch zurück.

Mein Opa Jan, der konnte alles

Zurück nach Amsterdam. Durch die vielen Seereisen hatte mein Großvater Jan immer sehr viele Geschichten zu erzählen. Stundenlang konnte ich ihm zuhören. Und er war ein begnadeter Bastler. Er beschäftigte sich immer intensiv mit mir und hat mich allerhand gelehrt. Wir bauten zusammen Holzspielzeug wie Autos, Spiele und zuletzt ein ein Meter hohes Lagerhaus mit Luken an drei Geschossen und einem Giebelkran mit Winde. Alles auf der sehr schmalen Veranda der Zweizimmerwohnung. Es war also immer eine Freude, wenn ich mich bei Oma und Opa aufhielt. Zu mancher Gelegenheit übernachtete ich auch dort. Zwei zusammengeschobene Polstersessel dienten als Bett. Obligatorisch stand Oma am Morgen zuerst auf und machte im Winter den Ofen im Wohnzimmer an, kochte Tee und servierte Opa und mir diesen mit einem runden Zwieback als Vorfrühstück am Bett. So lange durfte ich neben Opa im Bett liegen und wir spielten „Brücke und Maschinenraum". Ich bekam Opas ehemalige weiße Schirmmütze auf, bildete die Hände vor dem Mund wie eine Tröte und rief: „Volle Kraft voraus!" Und Opa stampfte mit seinen zwei kräftigen tätowierten Armen voraus kreisend auf die Bettdecke unter lautem Schnaufen und Zischen, bis ich Befehl gab: „Maschine achteraus!" Wenn Oma mit dem Tee um die Ecke kam, hieß es „Maschine stopp!", und wir lachten alle drei ausgelassen, und Oma knuddelte mich immer ausgiebig. Als ich etwas älter war, machten wir viel Rätsel und bastelten Papiermodelle von Schiffen und Lokomotiven und so. Und ich lernte sehr viele Handgriffe für den Hausgebrauch. Der einfache Werkzeugkasten gab für fast alles eine Lösung her. Neben Hammer, Zangen und Feilen gab es da verschiedene Handsägen und zwei Bohrmaschinen mit Handkurbel.

Zum Nikolausabend, am 5. Dezember, beschenkte man sich in Holland wie bei uns zu Weihnachten. Dann trafen sich Familien so wie am Heiligabend. Und da holten meine Großeltern einen flachen, riesigen Karton heraus und gaben mir diesen als Geschenk. Als ich es auspackte, blieb mir fast der Atem weg. Ein Mecanodoos, ein Stabilbaukasten mit hunderten von verschiedenen Teilen aus Metall und mit einem enormen Sortiment von Schrauben, Unterlegscheiben und Muttern. Und Opa sagte, die Vorlagen für Objekte könne ich später auch bekommen. Ich solle mir aber erstmal eigene Konstruktionen ausdenken. Und mein Vater saß mit offenem Mund da und sagte nur, „das ist doch mein Baukasten aus meiner Kindheit".

Opa lachte. „Du hast ja damit nie etwas anfangen können."

Damals ahnten wir noch nicht, dass mein Großvater schon 1959 an Krebs sterben würde. Da war ich zwölf Jahre alt, und wir wohnten seit wenigen Monaten in Deutschland. Für mich war es schon sehr schwer, von Opa wegzuziehen, denn ich hing unglaublich an diesem Mann. Und jetzt wussten wir, dass er nicht mehr lange leben würde. Für mich ein emotional sehr schwerer Verlust. Opa war ein großartiger Mensch, den ich unendlich lieb hatte. Und mein bester Freund. Einige Tage vor seinem Tod konnte ich ihn noch einmal im Krankenhaus in Amsterdam besuchen, wo ich ihm eine weiße Kirche mit roten Papierfenstern und elektrischer Beleuchtung ans Bett stellen konnte. Natürlich selbst gebastelt. Und da haben wir beide sehr geweint. Das Letzte, was er mir sagte, war: „Du bekommst die Taschenuhr, wenn du 21 bist. Oma bewahrt sie bis dahin auf."

Auf der Rückfahrt im Zug war es still. Wir wussten, dass wir ihn das letzte Mal gesehen hatten.

Das Baby und oh je

Eines Abends im Sommer 1954 nahm mich meine Mutter in den Arm und fragte mich, ob ich mich über ein Brüderchen oder Schwesterchen freuen würde. Es sei ein Baby in Aussicht. Mit inzwischen sieben Jahren kam dies für mich sehr überraschend. Aber ich freute mich unglaublich darauf. Egal, ob Junge oder Mädchen. Die Vorstellung eines eigenen Geschwisterchens machte mich sehr glücklich.

Die Wohnsituation bedurfte nun einer Änderung in den nächsten Monaten. Mutter erzählte dem Hauseigentümer, Herr Thielrooy, von der Lage und bereitete ihn darauf vor, dass die Familie Keijzer sich um eine erweiterte Wohnmöglichkeit bemühen müsse. Da kam von ihm die wunderbare Lösung. Sein Sohn würde die Wohnung im dritten Stock nicht mehr nutzen und Keijzers könnten dort einziehen. Zwei volle Zimmer, Küche, Bad mit Wanne und getrenntem WC. Und ich bekam das bisherige Wohnzimmer im 4. Stock als eigenes Zimmer. Seine Mietforderung muss wohl sehr moderat gewesen sein, denn gesagt, getan, erfolgte mit vereinten Kräften der „Umzug". Opa organisierte und reparierte ein altes Kinderbettchen und ergänzendes Mobiliar.

„Das ist das properste Baby, dass wir hier seit langem hatten." Das sagte die Schwester im Krankenhaus, als meine Schwester mit 4,5 kg die Aufmerksamkeit auf sich zog. Die Schwestern nannten sie Ukki (sprich Ücki), was so viel heißt wie Winzling. Das geschah am

6. April 1955, einen Tag vor meinem achten Geburtstag. Aber Mutter hatte sich als Namen Marie-Luise gewünscht. Nach ihrer Mutter Luise und Tante Ria (Maria). Da wir aber in Holland lebten, wo das U als Ü gesprochen wird, wurde pragmatisch ein O hinzugefügt und so wurde sie auch für Niederländer aussprachlich Marie-Louise. Über die Freude dieser Geburt legte sich dann die finstere Entdeckung von Muttis Brustkrebs, den Voruntersuchungen zur Geburt ans Licht gebracht hatten. Mit einem vorsintflutlichen Eingriff, damals neue Methode minimal invasiver Chirurgie genannt, wurde der Tumor entfernt und fertig. Dabei wurden ganz kleine Skalpelle auf Fingerhüten eingesetzt und, aus meiner heutigen Sicht, dilettantisch im Nebel gestochert, anstatt besser die Brust zu entfernen. Bestrahlung bekam Mutter nicht und Chemotherapie war wohl noch nicht bekannt.

Während der Zeit, die Mutti im Krankenhaus war, verbrachte ich die Nachmittage bei meiner Großtante und meinem Großonkel, Tante Katrien und Oom Frits. Nach der Schule durfte ich dann immer bei meiner Lehrerin hinten auf dem Fahrrad mitfahren, deren Heimweg dort nahe vorbeiführte. Das hatte mein Vater wohl mit ihr besprochen. Die Zeit bei Tante Katrien und Oom Frits habe ich sehr genossen. Sie wohnten am Cremerplein. Einem großen begrünten Platz, an drei Seiten umgeben von geschlossenen Häuserblocks. Dort gab es einen sehr gut ausgerüsteten Kinderspielplatz, mit einem manuell zu drehenden Karussell, Schaukeln, Wippen und einer Rutsche. Der Clou für mich: In der Menge der Kinder war ich sofort integriert und voll akzeptiert. Schließlich war ich ein Amsterdamer Kind und hier wusste niemand von meiner deutschen Mutter. Ich freute mich jeden Mittag, nach dem Essen hinunterzugehen. Die Großtante konnte mich dort sehen und rief mich rauf, kurz bevor mein Vater nach Feierabend dort ankam. Wir aßen dann gemeinsam Abendbrot, bevor ich mit Vater nach Hause ging. Manchmal die halbe Stunde zu Fuß, manchmal ein Stück mit der Straßenbahn. Als mein Vater nach zwei oder drei Wochen Mutter und Baby aus dem Krankenhaus holte, wurde über das Thema Krebs oder Operation nicht weiter gesprochen. In den nächsten Wochen zu Hause waren die Folgen der OP aber für mich noch ein einschneidendes traumatisches Erlebnis. Die drei etwa drei Zentimeter großen Schnitte in der Brust wurden nicht zugenäht, damit laut den Ärzten die noch längere Zeit produzierten Wundsekrete ungehindert abfließen könnten.

Soweit Mutti es konnte, machte sie das Nötigste im Haushalt und kümmerte sich um das Baby. Wenn ich aus der Schule kam, half ich bei allem nach bestem Können. Nachmittags legte sich Mutti dann erschöpft aufs Bett. Ich bekomme heute noch Abscheu, wenn ich an das erste Mal denke, als Mutter um meine Assistenz beim Versorgen ihrer Wunden bat. „Dein Vater packt das nicht“, sagte sie. „Der kippt um. Und allein kann ich das nicht. Du bist schon acht und ein sehr taffer Junge. Halte den Verbandmull eng unter meine Brust, wenn ich mit beiden Händen die ganze Brust drücke.“

Und dann ließ das Entsetzen meinen Kreislauf stocken, als aus allen drei Schnitten gewaltige Eiterwülste schossen, wie aus der Senftube.

Ich weiß nicht, wie ich es schaffte, das Prozedere nunmehr von Tag zu Tag besser zu tolerieren. Immerhin wurde es täglich weniger Sekret und nach etwa drei Wochen, als es langsam vorüber war, hatte ich die Abscheu nach irgendwo verdrängt – wenn auch nicht überwunden – und ein gewisses Maß an Gelassenheit entwickelt. Ich litt wohl mehr an den offensichtlichen Schmerzen meiner Mutter, die aber dann allmählich auch abklangen, so, wie die Wunden allmählich abheilten.

Nach diesen Tortouren mit den Behandlungen kümmerten wir uns dann wieder um die alltäglichen Pflichten. Mutter ging so gut möglich ihren Aufgaben nach und meist gab ich der Kleinen die Flasche und wickelte sie und machte danach meine Hausaufgaben. Anschließend konnte ich dann noch ein wenig spielen, um meinen Kinderkopf wieder etwas frei zu kriegen. Übrigens, kann sich jemand daran erinnern, wie in den 50er Jahren die üblichen Stoffwindeln aus grobem Gewebe gewaschen wurden? Alles vorspülen im riesigen Bottich. Luft anhalten. Ausleeren ins Klo. Nochmal wiederholen. Eine Nacht in Lauge einweichen. Dann auf dem Gasherd Kochwäsche stampfen. Mit so einer Art Baseballschläger. So wurde auch andere Wäsche gemacht. Schweißtreibend.

Wenn Vater abends nach Hause kam, war er meist auch K.O. und kümmerte sich eher nur um seine Entspannung. Meist hörte er nur Radio. Wir hatten „Distributie“, ein Rundfunksystem der Post. Man hatte einen riesigen Schalter an der Wand mit drei Stellungen und konnte außer aus/ein noch zwei Programme schalten. Darunter gab es noch einen Drehknopf für die Lautstärke. Daran angeschlossen war ein einfacher mieser Lautsprecher mit kurzem Kabel, der an der Wand hängen oder nahe beim Schalter stehen konnte. Das System wurde monatlich bei der Post bezahlt und ersparte die Investition in ein Radio aber vor allem auch in die notwendige Außen-Antenne, die bei Mietwohnungen oft nicht zu installieren war.

Drehorgel, Grünkohl und Chop Suey

Dienstags kam immer gegen 18.00 Uhr in unsere Straße die Drehorgel. Unter Körpereinsatz schoben drei Männer das schwere Gefährt vorwärts zum nächsten Halteplatz. Es hatte damals noch drei starre Wagenräder mit Eisenumreifung. Da es keine Lenkmöglichkeit gab, musste zur Richtungskorrektur durch Herunterdrücken hinten am Handbügel die ganze Orgel immer wieder vorn angehoben werden, sodass das Vorderrad abhob. Echte Knochenarbeit. Die Kinder und einige Erwachsene liefen dann hinaus, um etwas in die Sammelbüchse zu werfen und aus der Nähe zuzuhören. Ich stand immer hinter der Orgel, wo einer der drei Orgelmänner das wohl 70 cm große Rad drehte und man beobachten konnte, wie die zum Stapel gefalteten Lochkarten des Stücks durch die Mechanik wanderten. Da ich alles genau wissen wollte, stellte ich viele Fragen. Dann folgte der Knüller. „Möchtest du mal drehen?“ Um mit dem Handgriff oben herumzukommen, musste ich auf die Zehen gehen. Mit Schwung von unten herauf drehte ich dann aber in korrekter Gleichmäßigkeit das ganze Musikstück ab. Das hat dem Moffenkopp viel Respekt bei den Kindern auf der Straße verschafft.

So vergingen die nächsten zweieinhalb Jahre ohne bemerkenswerte Verbesserungen der Umstände. Mutti hatte ständig gesundheitliche Probleme, mal mehr, mal weniger, die sich vielfältig äußerten und außer den Nervenschmerzen nun auch Magen und Darm attackierten. Aber es konnte weiter nichts Konkretes diagnostiziert werden. Soweit ich es jedenfalls erfahren hatte. Und sie hielt sich tapfer. Meine kleine Schwester machte uns ständig Sorgen wegen ihrer Verträumtheit. Sie erlitt immer wieder Verletzungen, wie gequetschte Finger, Verbrennungen oder Stürze, weil sie einfach unaufmerksam, unkonzentriert und schusselig war. Es tat mir tief in der Seele weh, wenn sie immer wieder Pech hatte und Schmerzen erlitt. Aber glücklicherweise blieb es bei folgenlosen Blessuren. Glaube ich. Nach einem Hechtsprung von den letzten Stufen der Treppe schaffte sie es, kopfüber auf dem Flur zu landen und regungslos liegen zu bleiben. Bewusstlos legten wir sie aufs Bett und riefen panisch den Arzt an. Zum Glück hatten wir ein Telefon und erreichten ihn. Unser Hausarzt Dr. Noack wohnte nur 150 Meter entfernt und kam immer sehr schnell ins Haus. Auch jetzt kam er mitten aus der Sprechstunde heraus. Als er meine Schwester gerade untersuchen wollte, schlug diese die Augen auf und fragte: „Wo ist mein Grünkohl?“

Apropos Essen. Unser Hauseigentümer war aufgrund seines hohen Alters inzwischen in dic Nähe seines Sohnes nach Den Haag gezogen.

Im zweiten Stock waren Mieter eingezogen, die direkt aus Indonesien kamen. Er war als holländischer Ingenieur nach Jakarta versetzt worden und hatte dort eine einheimische Frau geheiratet. Sie hatten eine Tochter, und gemeinsam war die Familie nach Amsterdam umgesiedelt. Mich faszinierten ihre aus Indonesien mitgebrachten Möbel. Denn Buchregal, Anbauwand, Tische und Sessel waren allesamt aus Bambus. Ich durfte sie Tante Corry und Oom John nennen. Ihre Tochter hieß Ciska. Sie war schon 16, wirkte auf mich aber um Jahre jünger. Sie war bildhübsch, und mit ihren dunkelbraunen Augen und pechschwarzem Haar hatte sie es mir, mit meinen elf Jahren, zutiefst angetan. Ihre graziösen Bewegungen und ihr feines Lächeln erinnerten mich immer an die Tänzerinnen, die ich mehrmals mit meiner Mutter im Tropenmuseum bestaunt hatte. Wann immer möglich, richtete ich es ein, Ciska zufällig im Treppenflur zu begegnen. Ganz selten durfte ich schonmal eine halbe Stunde zum Fernsehen zu ihnen kommen. Das war ein Erlebnis. Wer hatte schon 1958 einen Fernseher? Und sie hatten eine Antenne auf dem Dach errichtet. Aber die meiste Zeit konnte ich meinen Blick nicht von Ciska lösen.

Tante Corry kochte natürlich immer indonesische Gerichte. Das duftete nach Kräutern und Gewürzen im ganzen Haus. Aber wenn sie ihr Chop Suey machte, ein Gericht aus Hühnerbrühe mit einem üppigen Mix aus exotischen Gemüsen und scharfen Chillies mit Glasnudeln, wurde oft ein Teil des Essens getauscht. Denn sie liebten die Linsensuppe nach dem deutschen Rezept meiner Mutter über alles. Ein Topf Linsen gegen einen Topf Chop Suey. Sehr lecker, aber höllisch scharf. So habe ich mich schon damals an sehr scharfes asiatisches Essen gewöhnt. Aber ein Jahr später sind wir dann ja umgesiedelt nach Deutschland.

Wir ziehen um nach Deutschland

„Papa fährt für eine Woche zu Tante Ria nach Essen!“ Das war eine Ansage, die mich verblüffte.

Papa? Allein? Mitten zwischen den Ferien? Er brauche mal eine kurze Auszeit und hätte noch etwas Geschäftliches zu erledigen. Nach Vaters Rückkehr vergingen noch einige schweigsame Tage, dann wurde die Katze aus dem Sack gelassen. Mutti hatte schon immer furchtbares Heimweh. Kam Freddie Quinn im Rundfunk, weinte sie. Sie hatte immer das Gefühl, dass ihr nicht wirklich Wärme und Zuneigung aus der Familie in Holland zuteilwurde, mit Ausnahme meines Großvaters, der sie von Beginn an sehr mochte. Durch die Krebserkrankung wurde sie in diesem Gefühl bestärkt. Ich kann dies nicht beurteilen, aber sie schrieb an eine Freundin nach Hannover, dass sie sehr unter Ignoranz und Kälte leide, besonders seitens meiner Großmutter und deren Schwestern. Sie werde deshalb versuchen, den Weg zurück in die Heimat zu finden. Umso mehr, als sie den schnellen Fortschritt ihrer Krankheit befürchte. *„Ich sterbe nicht in Amsterdam!“*, schrieb sie. Und mir wurde jetzt offenbart, dass mein Vater eine Anstellung in Essen gefunden hätte und in wenigen Monaten seine Arbeit dort aufnehmen werde.

Bis zum Ablauf seiner einjährigen Probezeit und bis er eine Wohnung für uns gefunden hatte, wurde er bei Tante Ria aufgenommen, die ihn auch verpflegte und das abendliche Gläschen Wein mit ihm trank. Sie hatte ein halbes Zimmer frei, das sie seit Jahren mietfrei dem Nachbarssohn zur Verfügung stellte, der es tagsüber zum Arbeiten und Studieren nutzte. Was nun leider nicht länger ging. Da trotz der inzwischen schon halb elektrifizierten Bahnstrecke die Fahrt noch dreieinhalb Stunden dauerte, wegen des Lokwechsels in Emmerich, und die Fahrtkosten zu Buche schlugen, sahen wir Vater in der Zeit nur etwa alle sechs Wochen. Nach Ende seiner Probezeit suchte Vater Anfang 1959 eine passende Wohnung, die schnell gefunden war. Zu jener Zeit war die Wohnungssuche wohl noch nicht so problematisch. Der Neubau eines Sechsfamilienhauses am südöstlichen Stadtrand sollte im Mai fertig sein. Der Umzug wurde für Ende Juni geplant, nach meinem Abschluss der Grundschule, die in Holland sechs Schuljahre umfasste. Danach hätte entschieden werden müssen, auf welche weiterführende Schule man geht. So plante meine Mutter für mich, dass ich mit Wiederbeginn der Schule nach den Sommerferien auf die Mittelschule käme. Nach Beratungen mit der Schulleitung während eines vorbereitenden Besuches in Essen wurde empfohlen, wegen meiner doch sehr lückenhaften Schreib- und Lesekenntnisse in Deutsch sowie der fehlenden Vorkenntnisse in Englisch, mich in die erste Klasse der Mittelschule einzustufen. Sozusagen in das laufende fünfte Schuljahr, obgleich ich schon sechs absolviert hatte. Und so wurde es gemacht.

Ende Juni wurde umgezogen nach Essen-Haarzopf. Das hatte noch ländliche Elemente, war aber wie eine kleine Ortschaft. Viel musste der kleine Möbelwagen nicht transportieren, denn die Wohnzimmermöbel wurden zum Teil neu geliefert und mein Bett und das Kinderbett für Marie-Louise hatte Tante Ria gebraucht besorgt. Wir fuhren mit dem Zug und dem Taxi, obwohl wir nicht viel Gepäck hatten. Das meiste nahm der Möbelwagen mit.

Unsere neue Dreizimmerwohnung lag im ersten Stock. Mein Zimmer sollte ich mit meiner vier Jahre alten Schwester teilen. Die Größe gab das her. Aber für mich war das ungewohnt, denn in Amsterdam hatte ich ja zuletzt unser früheres Wohnzimmer im 4. Stock für mich allein, seit wir die Wohnung im 3. bezogen hatten. Da ich sie sehr liebte, sah ich das trotzdem nicht als Problem. Aber ihre berechnende Biestigkeit sollte ich noch kennenlernen. Wenn etwas nicht in ihrem Sinne lief, plärrte sie einfach lauthals los, z.B. als ich ihre Heftzwecken mit Buntstiftzeichnungen aus meinem mühsam erworbenen Elvis-Plakat zog. Wenn Vater dann ankam, behauptete sie einfach, ich hätte sie gehauen. Ich bekam dann einen heftigen Anranzer und eine Ermahnung zu mehr Toleranz. Ich zog immer die berühmte A…karte.

Opa Jan hatte von seinen Seereisen in den 1920er und 1930er Jahren diverse schöne und auch unschöne „Souvenirs“ mitgebracht. Um nur einige unschöne Beispiele zu nennen: Ein etwa 40 cm großes ausgestopftes Gürteltier, einen ausgestopften Varan (eine Art Eidechse), einige im großen Wandrahmen unter Glas aufgepinnte farbenprächtige Schmetterlinge bis zu 25 cm Größe und ebenso im Rahmen mit Glasabdeckung eine riesige Tarantel, also eine Vogelspinne. Zu unserem Umzug schenkte er mir die Schmetterlinge und die Spinne zur Dekoration meines neuen Zimmers. Trotz heftiger Gänsehaut ließ meine Mutter die Sachen durchgehen. Und diese hingen dann auch dort. Die Spinne hing trotz meiner Grundabneigung über dem Kopfende meines Bettes. Für meine Schwester später, als sie schon sechs war, eine gute Möglichkeit, beim Spielen mit einer Freundin ein Bettlaken daran festzuklemmen für ihren Zeltbau auf meinem Bett. Ich mach's kurz. Der kleine Bildernagel brach aus dem Putz. Mit Karacho knallte der flache Kasten auf den Holzbogen des Bettgestells. Die Scheibe zersplittere, und auf meinem Kopfkissen verteilten sich, neben Scherben, auch der Kopf, der behaarte Rumpf und die acht haarigen Beine des Insekts in Einzelteilen. Mein Ekel war so groß, dass ich jeden Zorn gegenüber meiner Schwester vergaß. Mit Handfeger und Schaufel nahm ich vorsichtig die größeren Scherben und Leichenteile auf für den Müll, den ich sofort rausbrachte. Mit dem Staubsauger entfernte ich die Reste der Party, bevor ich mit Überwindung das Kissen anfasste und den Bezug abnahm. Am Fenster schlug ich das Kissen noch gründlich aus und saugte es nochmal gründlich ab, bevor es einen neuen Bezug bekam. Und in dieser Nacht war es mir darauf noch äußerst unwohl.

Zurück zur Wohnung.

Das Haus lag an der Hatzperstraße. Der Bus von und nach Stadtwald hielt vor der Tür. Wegen der Besuche bei und von Tante Ria war das sehr praktisch. Um die Ecke war ein kleiner Tante-Emma-Laden und 200 m die Straße hinunter – es ging ziemlich bergab – war die Volksschule. Auch der Kindergarten, in den meine Schwester jetzt gehen sollte, war in der anliegenden Querstraße direkt bei der alten Backsteinkirche. Die nächstgelegene Mittelschule war in Essen-West. Dorthin fuhr, vom Ende unserer Straße aus, die Straßenbahn. Nach zehn Minuten Fußweg musste etwa 20 Minuten Fahrzeit gerechnet werden. Alles sehr akzeptabel. Vater konnte auch den Bus vor der Tür nehmen, musste dann aber noch einmal umsteigen, Richtung City.

Schnell hatten wir uns eingerichtet und bis zum Ende der Sommerferien und dem Beginn des neuen Schuljahres hatten wir noch einige Wochen Zeit, vor allem, um mich noch gründlich auf die Schule vorzubereiten. Ich sprach fließend und akzentfrei Deutsch. Aber beim Schreiben und Lesen waren noch Defizite. Meine Mutter übte täglich mit mir, was nicht selten zu Streit und Tränen führte.

Der rote Transistor

Meine neue Schule hieß Realschule für Jungen Essen West und lag unmittelbar an der Straßenbahn Haltestelle Wickenburg. Wie der Name verrät, waren auf dieser Schule ausschließlich Jungen zugelassen. Da seit dem Neuanfang nach dem Kriegsende in der Bundesrepublik Deutschland noch zu wenig Schulen wiederaufgebaut worden waren und zudem die Nachkriegsjahre hohe Schülerzahlen hervorgebracht hatten, musste diese Schule im Schichtdienst unterrichten. In geraden Wochen ging ich von 7.30 Uhr bis 12.30 Uhr und in der ungeraden Woche von 13.00 Uhr bis 18.00 Uhr. Der Nachmittagsunterricht war total blöd, da man am Vormittag nicht viel machen konnte, wenn einem immer bevorstand, sich pünktlich auf den Schulweg zu machen. Ich musste mich schon um kurz nach zwölf Uhr auf den Weg machen, um rechtzeitig zum Unterrichtsbeginn einzutreffen.

Nachdem ich also nach unserer Umsiedlung im Sommer 1959 meinen Platz in der 1. Klasse der neuen Schule eingenommen hatte, stand in der zweiten Woche Religion auf dem Stundenplan. Für mich ein Novum, das es in den sechs Jahren an meiner Grundschule in Amsterdam nicht gegeben hatte. Und dazu sollte sich die Klasse teilen in evangelisch und katholisch und bei verschiedenen Lehrern unterrichtet werden. Ein Entkommen in eine Freistunde stand nicht zur Debatte. Nun hatten mich meine Eltern zwar für katholisch erklärt und noch im Geburtskrankenhaus taufen lassen, aber die Kenntnisse des Glaubens waren nur spärlich. Mein Vater war nur laut Papier evangelisch (genau gesagt war er Calvinist) und meine nur von Geburt ursprünglich katholische Mutter war eine christlich geprägte Nicht-Kirchgängerin, weshalb ich auch niemals der Erstkommunion zugeführt worden war. Und das war nun plötzlich ein Problem. In Unkenntnis der Folgen hatte meine Mutter für mich im Schreiben der Schule, in welchen Religionsunterricht ich gehen solle, „katholisch" angekreuzt. Und damit kam der wirklich sympathische Religionslehrer Herr Hermes ins Spiel, der nun darauf bestand, dass er mir über mehrere Wochen nach Schulschluss ehrenamtlich Nachhilfe in Katechismus geben würde, damit ich noch im Herbst zur Erstkommunion antreten könne. Und zwar allein, in einer Sonderveranstaltung. Dazu hatte er ein ganz kleines Kloster in Essen West ausgewählt. Die wenigen Ordensschwestern würden alles richten und ein mit ihm befreundeter Priester könne die Sache vollziehen.

So nahm ich die ehrenamtliche Nachhilfe in Anspruch und lernte einige Wochen lang nach Schulschluss und danach zu Hause alles, was nötig war, um das Sakrament zu empfangen, neben der anstrengenden Vervollständigung meiner Schreib- und Lesekenntnisse in Deutsch.

Nur wenige Verwandte und Bekannte wohnten dann dem Ereignis in der Kapelle bei. Aber zum ersten Mal in meinem Leben sammelte sich aus mehreren Einzelgaben eine Summe Geldes an, die es mir ermöglichte, mir einen riesigen Wunsch zu erfüllen. Noch niemals hatte ich etwas wirklich bekommen, was ich mir so sehnlichst gewünscht hatte. Und auch diesmal hatte ich seit Monaten immer wieder nach dem Objekt geschaut und es hier und da im Handel in die Hände genommen. Nie im Glauben, dass ich es jemals selbst besitzen könnte. Unterhaltungselektronik mit Transistortechnik war damals noch verhältnismäßig teuer. Die nötigen 230 DM schienen mir unerreichbar, so wie alle Sachwünsche bis dahin in meinem Leben. Und nun, genau heute, an diesem sakramentalen Tag, schien die ganze Büffelei für die heilige Hostie zu einem unvergesslichen Erfolg zu führen. Denn schon einige Tage später hielt ich es zu Hause überglücklich mit glühenden Ohren im Arm: Das rote Transistorradio.

Und es blieb fast zehn Jahre bei mir, bis ich es 1968 in Hamburg aus monetären Gründen leider verkaufen musste. Aber das ist noch eine ganz andere Geschichte.

Die katholische Jugendgruppe

Obwohl ich durch die erste Kommunion nun ein „Vollkatholik“ war, hatte ich zur Kirche weiterhin wenig Kontakt. Auch meine Mutter hatte – solange ich sie kannte – niemals einen Gottesdienst besucht, und Vater galt als gebürtiger Calvinist zwar als evangelisch, war aber eigentlich Atheist. Durch nachbarliche Gespräche kam dann aber die Rede auf die kirchlichen Gemeindeaktivitäten und die Frage, ob man nicht dieses oder jenes mitmachen möchte. So erzählte meine Mutter mir von der Jugendgruppe der KJG (damals Katholische Jungmänner Gemeinschaft), die sich wöchentlich im Gemeindehaus träfe. Dort würde gesungen, gespielt, gelesen und diskutiert.

Also ging ich eines Tages dorthin und stellte mich dem Gruppenleiter und den etwa zehn Jugendlichen (nur Jungen) vor, mit der Frage, ob ich mir deren Abend mal ansehen und mich, bei gegenseitigem Gefallen, der Gruppe anschließen könne. Die Jungen waren zwar alle etwas älter als ich, so zwischen 14 und 16, es gab aber sonst nur eine Gruppe mit zwei Jahre jüngeren. Der Gruppenleiter Rudi war knapp 30 und konnte anscheinend die Gruppe moderat durch den Abend führen. Zum Mitsingen beim musikalischen Teil, den Rudi gekonnt mit der Gitarre begleitete, erhielt ich von ihm ein Liederbuch, „Die Mundorgel“, mit Texten und Noten (die ich nicht lesen konnte), und schon bei den zweiten Strophen hatte ich die eingängigen Melodien verinnerlicht und genoss das gemeinsame, überraschend harmonische Gesangserlebnis. Hier fühlte ich mich gut aufgehoben. Und ja, es wurde auch eine Episode aus dem Neuen Testament besprochen. Aber auch Neuerscheinungen von Jugendbüchern und das Nordrhein-Westfälische Veranstaltungsprogramm der KJG und geplante Zeltlager und Radtouren. Rudis Antrag am Ende des Abends, so gegen 21.00 Uhr, mich in die Gruppe fest aufzunehmen, wurde mit Applaus zugestimmt. Und mit „wir sehen uns Sonntag um 11 in der Messe" verabschiedeten sich alle und gingen nach Hause. So kam es, dass ich mich zwar nicht jeden Sonntag, aber mehr als gelegentlich, mit Mitgliedern der Gruppe in der Kirche traf.

Mehrtägige Radwanderungen mit Besuchen in Jugendherbergen oder gemeinsame Zeltlager mit Gruppen aus diversen anderen Städten waren prägende Erlebnisse. Unvergessen bleibt mir eine Radtour mit geliehenem Fahrrad entlang der Mosel, bei der wir unter anderem in der Jugendherberge Burg Altena Station machten. Da ich schon damals immer nachts einmal raus musste, ging ich nach langer Überwindung mit Taschenlampe die steinerne Wendeltreppe im Burgturm hinab, die von unserem Schlafsaal mit seinen knarrenden Fußbodendielen zu den Sanitäranlagen führte. Da bekomme ich noch heute Gänsehaut.

Camp Fire Skiffle Men

Nach Eintritt in die Jugendgruppe entstand mein brennender Wunsch nach einer neuen Gitarre. Meine Tante Ak hatte mir schon in Amsterdam die ersten Gitarrengriffe beigebracht auf der alten Klampfe meines Vaters. Eine sogenannte Spanische Gitarre. Ursprünglich sehr schön. Mit Intarsien aus Perlmutt und Ebenholz auf der Decke und einer umlaufenden Perlmuttkante am Rumpf. Aber völlig abgegriffen, verschlissen und beschädigt. Damit konnte ich nicht vor die Tür gehen. Die hatte mein Großvater Anfang der 1930er Jahre aus Argentinien mitgebracht, als mein Vater zwölf oder dreizehn war. Nun begehrte ich die rot geflammte Schlaggitarre von Framus. Die kostete etwa 180 DM.

Da zu der Zeit meine Mutter noch vieles im Haushalt allein schaffte, beschloss ich, in den kommenden zwei Wochen Osterferien bei einem unserer örtlichen Bauunternehmen zu arbeiten, das Interesse daran geäußert hatte. Vermittelt durch unseren Hauseigentümer, den Spediteur. Der Stundenlohn für Bauarbeiter betrug damals etwa 2,50 DM. Für „Aushilfen" leider nur 1,30 DM. Aber netto. Ich hatte mir ausgerechnet, dass ich etwa auf die benötigten 140 DM käme, die mir noch fehlten. Den Rest hatte ich schon zum Geburtstag gesammelt. So schaufelte ich für die Maurer auf einer Großbaustelle von drei abgeschütteten Haufen im bestimmten Verhältnis (habe ich vergessen) Sand, Zement und Kalk in die Mischmaschine. Nach einem Tag schon mit wässrigen Blasen. Am zweiten und dritten

Tag mit Pflastern, und danach – gegen den Rat der Fachleute – mit Bauhandschuhen. Ab der zweiten Woche tat es nicht mehr so weh. Da überwog der Schmerz in Rücken und Schultern. Ich hielt durch und bekam meine Framus.

Nachdem ich damit stolz eines Abends in der Jugendgruppe meine mittelmäßigen Gitarrenkünste zum Besten gegeben und eine (recht gute) Imitation von Louis Armstrong vorgetragen hatte, stellte ein Gruppenmitglied, Georg Deuter, die Idee vor, eine Skiffle Band zu gründen. Er war schon damals ein hochbegabter Musiker, der u.a. Gitarre und Banjo beherrschte, und heute in USA als bekannter Musiker lebt. Unter „Deuter" erschienen zahlreiche seiner Alben. Soweit ich aus dem Internet weiß, ist er bis heute in der Musikszene aktiv. Mit seinem Vorschlag begeisterte er uns, und fünf Gruppenmitglieder wurden zu „Camp Fire Skiffle Men". Als Bandleader spielte Georg Banjo und „Tröte", daneben hatten wir zwei Gitarristen, ein Mitglied spielte Bass an der Teekiste und ich übernahm das Waschbrett mit Becken und Ratsche. Für besondere Stücke übernahm ich auch die Gitarre. Und der gemeinsame Gesang ergab den speziellen Skiffle-Sound der Band. Viele Wochen übten wir zweimal wöchentlich. Wir spielten schon bald auf größeren Zeltlagern und verschiedensten Jugendtreffen.

Meine Soloeinlagen mit der Louis-Armstrong-Nummer machten dem Publikum besonderen Spaß. Aber Georgs Ziel war unser Auftritt auf dem – wie ich glaube – Jahrestreffen der katholischen Jugend oder so etwas (mit männlichen und weiblichen Gruppen) im Saalbau in Essen, vor großem Publikum. Ich kann nicht mehr sagen, wann es war. Aber es hat stattgefunden. Und sehr erfolgreich mit tosendem Applaus. Es folgten danach noch verschiedene Auftritte bei kirchlichen Veranstaltungen, wo wir gern eingeladen wurden. Vielleicht hätten wir das Potential gehabt, uns noch weiterzuentwickeln. Aber aus später noch erzählten Gründen haben wir uns alle leider aus den Augen verloren.

Zufall und Erkenntnis

Eines Morgens stellte Mutter fest, dass sich in ihrer rechten Leiste ein komischer Knubbel befand. Durch vorangegangene Vorkommnisse sensibilisiert sollte schnell ein Arzt des Vertrauens die Sache in Augenschein nehmen und seine Empfehlungen zum weiteren Vorgehen geben. Und wie der Zufall will: Durch Briefkontakt zu Dr. Alfred Kern, Muttis bestem Jugendfreund aus Berlin, war bekannt, dass dieser nach seiner Zeit in Indonesien eine Praxis in Mülheim an der Ruhr eröffnet hatte. Was ihn genau dorthin verschlagen hatte, ist mir unbekannt. Mülheim grenzte aber direkt an den Essener Stadtteil Haarzopf. Und in Kenntnis der Krankengeschichte hatte er sich angeboten, uns zu betreuen. Also kam er ins Haus und überwies Mutti nach kurzer Begutachtung ins Krankenhaus. Dort müsse „das Ding" noch näher untersucht werden, aber egal, was es sei, es müsse raus. Die weitere Behandlung erfolgte dann sofort im Krankenhaus Huyssenstift. Untersuchungen, Operation, Laborbericht, Krebs der Lymphdrüsen. Es wurde noch ein weiterer Knoten im Unterbauch entdeckt. Die Knoten seien nun sauber raus, hieß es aber, und nach zwei Wochen war Mutti wieder zu Hause. Chemotherapie gab es noch nicht und Bestrahlung war nicht vorgesehen.

Auf Empfehlung des Professors verschrieb Dr. Kern Medikamente und wollte Mutti genauer kontrollieren. Sie fühlte sich aber oft sehr schwach und musste häufig liegen. So war nach Erledigung meiner Schularbeiten zunehmend meine Hilfe in vielen Bereichen des Haushalts gefordert – ich war inzwischen 14 – und ich saugte und wischte die Linoleumböden, die auch einmal monatlich auf den Knien geschrubbt wurden, hielt das Bad und WC sauber und erledigte die schwereren Einkäufe. Gern ging ich um die Ecke zum kleinen Edeka-Laden, denn dort arbeitete eine bildhübsche junge Dame mit für damalige Verhältnisse schon sehr, sehr kurzem weißen Kittel, den sie bei Arbeitsbeginn wohl anstelle ihrer Alltagskleidung anzog. Obgleich sie meist hinter der Theke agierte, war sie für mich ein Hingucker, denn mit damals schon 1,80 Metern hatte ich auch dort alles voll im Blick. Sie verblüffte mich allerdings eines Tages mit einer mich zeitlebens prägenden Konversation. Ich: „Und dann bitte noch eine Dosenmilch.“ Sie: „Große oder kleine?“ Ich: „Große bitte.“ Sie: „Große haben wir nicht mehr!“

Und ich kann berichten, dass mir ähnlicher Nonsens noch zahlreich im Leben begegnete. Nach Anweisung meiner Mutter – vielfach vom Bett aus – kochte ich immer häufiger das Essen für den Abend. Wir aßen dann warm, wenn Vater aus dem Büro kam. Und mit der Zeit hatte ich ein großes Repertoire drauf. Diverse Eintöpfe und Suppen, Fleisch und Gemüse von Schwein und Rind, Braten im Römertopf oder Pfannengerichte. Das ganze Programm der Hausmannskost. Zweimal in der Woche hatte ich auch Wäsche. Eine Münzwaschmaschine befand sich in einem größeren Kellerraum, in dem die Wäsche auch auf

Wäscheleinen getrocknet wurde. Der Raum hatte ein Fenster zum Öffnen und zum zusätzlichen Lüften konnte eine Hintertür geöffnet werden, die zum Hof führte. Wenn ich die letzten Minuten des Wäschegangs abwartete, bevor ich die Wäsche aufhängen konnte, ging ich gern dort vor die Tür. Unser Hausbesitzer betrieb eine Spedition mit mehreren LKW-Zügen und hatte unter seiner Parterrewohnung dort ein Kellerbüro eingerichtet, dessen Eingang neben unserer Hintertür lag. So traf ich dort oft einen der LKW-Fahrer oder einen der zwei Söhne des Hausbesitzers, die studierten und sich gern in Vaters Betrieb etwas verdienten, um u.a. ihr gemeinsames Auto zu finanzieren. Beide hatten auch den LKW-Führerschein und übernahmen häufiger Fahrten. Und wenn wir so quatschten, wurde ich schon mal spontan auf eine Spritztour mit dem VW-Cabrio zur Eisdiele und zur fetten Eistüte eingeladen. Das lenkte mich mal eine halbe Stunde von meinen Sorgen um Mutti ab und ich war dafür sehr dankbar.

Die Zwangsverschickung in die Schweiz

Bis heute habe ich keine Vorstellung, wer eigentlich auf die saublöde Idee gekommen ist. Vielleicht hat es jemand wirklich gut gemeint und meinen Eltern diese Entscheidung eingeredet. Für mich war es jedenfalls ein enormer Schreck, als mir eines Abends offenbart wurde, dass ich in den unmittelbar bevorstehenden Sommerferien für drei Wochen an einem Sommerlager in S-Chanf am Inn teilnehmen würde, im Ober-Engadin. Veranstaltet wurde diese Reise von der Stadt Essen in Zusammenarbeit mit der einen oder anderen sozialen Vereinigung wie Caritas oder Rotes Kreuz oder so. Vater wollte dann seinen Urlaub nehmen und sich weitgehend um Mutti und Marie-Louise kümmern und Tante Ria würde dann tageweise und nach Bedarf kochen und die Dinge im Haushalt übernehmen, die unser Vater nicht abdecken konnte. Jede Diskussion war zwecklos. Es war alles beschlossen und gebucht. Mutti hielt sich in ihrer Abgeschlagenheit zum Glück zurück, schien aber mäßig begeistert. Es wurde mit Namen gekennzeichnete Wäsche gebraucht, ein zum Schlafsack umgenähtes Bettlaken, Kissenbezug, Trainingsanzug, Turnschuhe, feste Wanderschuhe, Wetterbekleidung für warme und kalte Temperaturen, Waschzeug und, und … Es gab eine lange Liste mit Vorgaben und Vorschlägen des Veranstalters.

Tante Ria hatte einen gebrauchten riesigen Rucksack besorgt, der alles aufnahm. Für Reiseverpflegung war aber vom Veranstalter gesorgt. Schwer bepackt landete ich dann eines Abends gegen 18.00 Uhr am Bahnhof Essen-Altenessen. Der Zug hatte keine Abteile, sondern nur Großraumwagen, wie ich sie aus den Nahverkehrszügen kannte. Die Fahrt sollte über Nacht bis zum nächsten Mittag dauern. Es waren nur so viele Kinder im Zug – alles Jungs in meinem Alter –, dass jeder sich auf einer Zweierbank mit angezogenen Beinen hinlegen konnte. Viele hatten eine Riesengaudi und es war an Schlaf nicht zu denken, trotz der Beschwichtigungen der jungen Betreuer. Schon zu Beginn der Fahrt fühlte ich mich schlapp und sehr bedrückt.

Als wir nach einem Umsteiger gegen Mittag in S-Chanf ankamen, war ich psychisch und körperlich völlig K.O.

S-Chanf liegt auf etwa 1.600 Metern Höhe. Nun mussten wir aber mit unseren Rucksäcken auf sogenannten Wanderwegen noch einige hundert Meter weiter aufsteigen, bis wir dann die ausgedienten Militärbaracken erreichten, die uns für drei Wochen als Unterkunft dienen sollten. Lange flache Holzbaracken, in denen sich beidseitig eines Mittelgangs je eine lange mit Stroh gedeckte, erhöhte Liegefläche befand. An Kopf- und Fußende befand sich eine Planke, die das Stroh im Bett hielt. Wie die Orgelpfeifen sollten wir alle nebeneinander dort liegen. Dazu diente das zum Sack genähte Bettlaken, in das man kroch.

Der Kopfkissenbezug wurde mit Stroh gefüllt. Und zum Zudecken gab es für jeden eine graue Wolldecke aus Militärbestand. Es war sehr hart auf dem Strohbett, sehr stachelig auf dem Kopfkissen, durch das ich jeden Halm spürte, und sehr unruhig, wenn sich auf den knarrenden Dielen jemand drehte. Und das geschah permanent auf der harten Unterlage. Zumindest in den ersten Nächten. Dazu kam das ununterbrochene Gebimmel der Kuhglocken vom Hang. Ich konnte weder in den Nächten noch am Tage zur Ruhe kommen, da ich ständig von der Angst befallen war, dass mit Mutti etwas passieren könnte. All die schönen Eindrücke der Berge und der Bäche, der Tiere und der herrlichen Blicke auf die Täler konnte ich nicht genießen. Auch die imposante Tagesausfahrt mit der schmalspurigen Bahn von Zuoz nach St. Moritz und zurück, die eigentlich überraschende Impressionen bot, wie kilometerlange Tunnelfahrten durchs Bergmassiv im direkten Wechsel mit haushohen Viadukten über tiefe Schluchten, vorbei an tosenden Wasserfällen, erlebte ich emotionslos und wie im Tran. Erst durch Wiederholung dieser Fahrt als Erwachsener kann ich diese Eindrücke schildern. Damals hatte ich ständig nur Beklemmungen, die mich abschnitten von der Außenwelt und sozialen Kontakten. Ich kesselte mich völlig ein in die Erwartung der baldigen Rückreise. Wie auch zu Hause betete ich jeden Abend ausgiebig und sprach mit dem Herrgott. Ich bat tausende Male um Muttis Leben und weinte so still es ging in mein Strohkissen. Und ich schrieb alle zwei Tage eine Postkarte an die Familie, wie sehr ich hoffen würde, dass dort alles gut geht.

Als ich endlich wieder dort war, hatte sich nichts Größeres verändert – nicht zum Negativen, aber leider auch nicht zum Besseren. Ich war trotzdem erleichtert, Mutter, Schwester und auch Vater wieder bei mir zu haben.

Der Schrebergarten

Da Mutti nicht mehr viel laufen konnte, hatte sich mein Vater um einen Schrebergarten bemüht. Der Verein befand sich nur 300 Meter von unserer Wohnung entfernt, und dort sollte Mutti so oft möglich die frische Luft im Grünen genießen und relaxen. Vater und ich hatten in wenigen Wochenenden alles so weit in Schuss gebracht und z.B. neuen Rasen gesät und Erdbeeren gepflanzt. Ich hatte unter Anleitung eines Nachbarn eine kleine 9-Quadratmeter-Laube mit Fenster und Estrichboden gebaut, wo Geräte und Gartenstühle unterkamen und wo man sich bei einem Regenschauer hineinsetzen konnte.

Ich kann mich nicht erinnern, wo meine Schwester an diesem Tag war. Sie verbrachte viel Zeit bei Schulfreundinnen oder Nachbarskindern oder war bei einer Familie aus der Nachbarschaft, die von der Situation bei uns Kenntnis hatte und sich neben eigenen vier Kindern – zwei schon über zwanzig und zwei elf- und vierzehnjährige Jungen – häufig und sehr rührend um Marie-Louise kümmerte.

Meine Mutter machte an diesem Tag jedenfalls den Vorschlag, das Mittagessen mit mir im Garten einzunehmen. „Nimm die Tasche mit Tee und Frikadellen schonmal mit zum Garten“, sagte sie. „Ich mach noch den Kartoffelsalat fertig und komme dann.“ Und dabei pellte sie die gekochten Kartoffeln. Zum Garten waren es nur zehn Minuten. Als ich eine knappe Stunde gewartet hatte, bekam ich Panik und machte mich im Eiltempo auf den Weg in die Wohnung. Als ich die Wohnungstür aufschloss, sah ich Mutti schluchzend in der Küche auf dem Boden knien. „Gott sei Dank, dass du kommst. Ich kann nicht mehr aufstehen.“

Sie war auf einem kleinen Stück Kartoffelschale ausgerutscht und mit dem Gesäß so unglücklich auf die eingeknickten Knie gefallen, dass sie sehr große Schmerzen hatte und sich trotz aller Versuche aus dieser Position nicht mehr herausbewegen konnte. Ich griff von hinten unter ihre Schultern und hob sie ganz langsam an, so dass wir es gemeinsam schafften, sie auf den Küchenstuhl zu setzen. Beide Knie waren dick wie Ballons, wobei das rechte blutunterlaufen aussah. Es gab keine Alternative. Ich ging wortlos zum Telefon im Flur und rief einen Krankenwagen. Den Sanitätern sagten wir, dass es nur zum Huyssenstift gehen könne, wo meine Mutter bekannt und in Behandlung wäre. Das wurde dann so über Funk angemeldet und Mutti wurde auf der Trage abtransportiert. In der Röntgenabteilung wurde dann festgestellt, dass eine Kniescheibe gebrochen war. Das war sehr schlimm, aber es war nicht alles. In Kenntnis der Vorgeschichte wurde Mutti noch komplett durchleuchtet, um nach weiteren Ursachen für ihre zunehmende Schwäche und ihre Schmerzen zu suchen. Dabei wurden große Metastasen an ihrer Wirbelsäule gesichtet. Nach damaligem Stand der Wissenschaft wurde dagegen eine Behandlung mit Röntgen-Tiefenbestrahlung beschlossen. Und zwar 72 Bestrahlungen. Und wegen dieser bevorstehenden Tortour wurde auf die übliche Operation der

Kniescheibe verzichtet und das Knie samt Bein eingegipst. Zwei Wochen später wurde meine Mutter nach Hause gebracht und auf einer Liege bis ans Bett getragen. Sie durfte nur für das größere Geschäft und mit Krücken aufstehen. Der Rest sollte mittels mitgelieferter Bettpfanne erfolgen.

Die Bestrahlung und die Folgen

Zweimal pro Woche kam nun ein Krankentransport und holte Mutti zur Bestrahlung ab. Liegend auf der Transportbahre wurde sie mit ihrem Gipsbein die Treppen hinab und hinauf getragen. Die eigentliche Bestrahlung im Krankenhaus dauerte nur wenige Minuten. Aber mit Transportweg und der Wartezeit verging der ganze Vormittag. Wenn ich aus der Schule kam, war sie meist erst gerade zurück. Und sie hatte jetzt zusätzlich stark brennende Schmerzen an der Bestrahlungsstelle, direkt rechts neben der Brustwirbelsäule. Ich kniete mich neben das Bett, und während sie weinte, nahm sie mich in den Arm und streichelte meinen Kopf. Dann besprachen wir den Tagesablauf und manchmal auch ganz offen und realistisch die Zukunft, die es für sie nicht mehr gab. Das war uns allen inzwischen klar. Meine Schwester war jetzt gut sechs Jahre alt und sie und ich haben uns nicht bewusst über das Thema unterhalten. Was Mutti vielleicht mit ihr besprach und was sie damals realisiert hatte, kann ich nicht wirklich sagen. Und mein Vater sprach gar nicht. Also versuchte ich weiterhin mein Möglichstes, um die Tagesaufgaben zu bewältigen, wobei nun der Pflegeanteil hinzukam. Neben Bettpfanne fürs kleine und notdürftiges Waschen musste nun weitestgehend alles ans Bett gebracht werden, da Aufstehen tabu war.

Nach mehreren Bestrahlungen hatte sich auf dem Rücken eine 15 x 15 Zentimeter große Brandwunde gebildet mit einem Muster aus dunkelroten Pünktchen, die sehr stark schmerzte und die ich dreimal täglich mit einer Tinktur vorsichtig abwischen und anschließend mit Salbe eincremen musste. Darauf kam eine sterile Mullkompresse, die mit vier ganz kleinen Streifchen Leukoplast gegen Verrutschen befestigt wurde.

Manchmal kam Tante Ria, die inzwischen weit über 70 war, mit dem Bus, und brachte Mittagessen mit. Sie kochte hervorragend mein Lieblingsgericht, Saures Nierengulasch, was wir dann am Abend aßen, wenn sie bereits wieder fort war. Ich machte dazu Kartoffelstampf. Sie half mir bei verschiedenen Dingen und vor allem konnten wir zu zweit meiner Mutter beim Baden helfen, als etwa nach sechs Wochen der Gips ab war. Allein konnte sie nicht aufstehen und gehen. Und die Krücken konnte sie wegen des Rückens nicht mehr halten.

Nach etwa der Hälfte der vorgesehenen Bestrahlungen, also nach etwa 16 oder 18 Wochen, hatte sich eine Fleischwunde von einem halben Zentimeter Tiefe auf dem Rücken gebildet, deren Behandlung uns beiden die größte Überwindung abverlangte. Mutti war sehr tapfer, wimmerte leise beim Verbandwechsel, ebenso wie ich. Die Situation war eigentlich unerträglich und Mutter beschloss, die Bestrahlung abzubrechen. Inzwischen war sie zum Skelett abgemagert und sah kreideweiß aus. Und mehr und mehr stellte sich der nutzlose Irrsinn dieser Behandlung dar. Kurze Zeit darauf landete sie im Einzelzimmer im Krankenhaus Huyssenstift, wo man nur noch ihre Schmerzen bekämpfte.

Zwei Jahre zuvor hatten wir noch gemeinsam mit Mutti bei Tante Ria Heiligabend gefeiert. Marie-Louise und ich sagten das Gedicht vom Knecht Ruprecht auf. Da draus vom Walde komm ich her … Marie-Louise sprach mit hoher Stimme den Part des Christkinds und ich so tief, wie ich konnte, den Knecht Ruprecht. Und dann hat Tante Ria mir ein gebrauchtes Fahrrad mit Gangschaltung geschenkt. Da kein Schnee lag, musste das Rad natürlich sofort Probe gefahren werden, denn schließlich sollte ich es dann bald abholen und damit nach Hause fahren. Ohne Ende quengelte Marie-Louise herum, dass sie bei dem Rundweg um den Platz hinten auf dem Gepäckträger mitfahren wollte. Mehrfach erklärte ich ihr die Gefahr, da es keine Fußstützen gab. Aber sie gab keine Ruhe und setzte schon wieder zu ihrem „Vater komm mich retten“-Geschrei an. Da ich keine Lust auf einen Anranzer vor den Nachbarkindern hatte, gab ich am Ende nach. „Du musst sehr gut aufpassen, dass deine Füße nicht ans Rad kommen und die Beine weit seitlich abhalten“, redete ich auf sie ein. „Bitte gib Acht.“

Mit Hilfe des Nachbarjungen wurde sie auf den Gepäckträger gehievt, gut instruiert, wo sie sich bei mir festhalten soll, und nochmal auf das Abhalten der Füße hingewiesen. Ich fuhr los. Nach keinen zehn Metern bremste abrupt das Fahrrad, ein Mordsgeschrei hinter mir brach aus und der Fuß meiner Schwester steckte bis zum Knöchel in den Speichen. Ich hätte sie schütteln können ob so viel Schusseligkeit. Aber ich liebte sie zu sehr und sie tat mir unendlich leid. Und ich war wieder der Doofe. Vater machte mich lautstark mit allen Registern nieder, verteilte zwei Ohrfeigen und fuhr mit der Kleinen per Taxe ins Krankenhaus. Frohe Weihnachten! Zum Glück nur Hautabschürfungen, Prellungen und eine Verstauchung. Schlimm genug. Aber da wusste ich noch nicht, dass sie mich 50 Jahre später mal fragen würde: „Weißt du noch, wie du mal meinen Fuß in die Fahrradspeichen gesteckt hast?"

Wenigstens danke ich ihr für die hochakrobatische Einschätzung. Aber es zeugt auch davon, wie wenig sie von meiner Zuneigung zu ihr verstanden hat.

Also, mit diesem Fahrrad fuhr ich dann etwa zwei Jahre später alle zwei Tage ins Krankenhaus. Es waren etwa 45 Minuten stramm zu fahren zur Henricistraße. Dann umarmte ich Mutti und hielt ihre Hand. Es tat mir so furchtbar weh, sie so zu sehen. Und obwohl sie von Mal zu Mal schlechter sprechen konnte, hat sie mir doch Dinge gesagt, die ich zeitlebens nicht vergessen habe.

Der Teufel kam mit Perlen

In dieser Zeit, als Mutti ihre letzten Wochen im Krankenhaus verbrachte, rief eines Abends eine Frau an (nennen wir sie Alberts), die sich als ehemalige Schulfreundin unserer Mutter vorstellte und von alledem gehört hätte. Sie wollte wissen, wie der Stand der Dinge sei. Als ich erzählte, dass unsere Mutter wieder im Krankenhaus sei, fragte sie, wann und wo sie sie besuchen könnte. Ich holte dann meinen Vater ans Telefon, damit er die Sache mit ihr besprechen konnte. Die ehemaligen Klassenkameradinnen aus Muttis Gymnasium trafen sich in längeren Abständen zum Klassentreffen im Hotel Handelshof in Essen. Nur eine von diesen hatte mit Mutti seit Mitte der fünfziger Jahre wieder Kontakt, nachdem Kriegsereignisse und konträre politische Gesinnung sie fast alle getrennt hatten. Sie hatte bei Mutti Abbitte geleistet für ihre damalige Verblendung. Ich nannte sie Tante Else aus Hannover, nachdem sie uns schon in Amsterdam besucht hatte. Und sie hatte auf dem Klassentreffen vom Schicksal meiner Mutter erzählt, wo es auch Frau Alberts erfahren hatte.

Und nun die perfide Geschichte. Wenige Tage nach dem besagten Telefonat fand sich Anita Alberts in unserer Wohnung ein, um sich persönlich vorzustellen. Es war eine kleine untersetzte Frau in einem taubenblauen Jackenkleid mit zu engem Rock. Sie trug einen sehr dicken Pelzmantel und eine flauschige, mächtige Pelzmütze. Wie ein kleiner Ivan Rebroff. Und sie hatte einen Goldzahn. Dies zusammen mit ihrem üppigen Goldschmuck ließ mich unwillkürlich an eine russische Zarin denken. Und so trat sie auch auf. Dass ich mich vom ersten Moment an entschied, sie nicht nur unsympathisch, sondern auch lächerlich zu finden, lag vielleicht auch an dem Gespräch mit Mutti im Krankenhaus, zwei, drei Tage zuvor. Als ich von ihrem Anruf erzählte und hörte, dass sie Mutti inzwischen schon besucht hatte.

„Hütet euch vor dieser Frau", sagte Mutti. „Lasst euch von der nicht blenden. Schon in der Schule hieß es: ‚Wo andere ein Herz haben, hat Anita eine Rechenmaschine'." Diese Frau, so sagte Mutti, habe immer nur rücksichtslos und ohne Gefühl alles getan, um raffgierig ihre eigenen Interessen und Wünsche durchzusetzen. Sie war geschieden und besaß in der Düsseldorfer Altstadt ein namhaftes Geschäft für Antiquitäten und antiken Schmuck. Und sie war sehr wohlhabend.

Zurück zu diesem Abend. Durch die halb geöffnete Wohnzimmertür sah ich, wie sie meinem Vater eine schwarze Perlenkette auf den Tisch legte mit der Erklärung, dass sich Marianne so etwas früher immer gewünscht hätte. Da sie demnächst Geburtstag hätte, könnte sie ihm die Kette überlassen, damit er seiner Frau diese schenken könne. Mir stockte der Atem. Was sollte das heißen, überlassen? Es blieb unausgesprochen, aber sie ging sicher davon aus, dass dies nur geliehen sei und er ihr die Kette ja „irgendwann später" zurückgeben könne. Dann sagte sie noch: „Und über die vielen Ausgaben können wir ja später nochmal sprechen."

Ja, ich war erst 15. Aber diese Dreistigkeit der „Anbahnung" drehte mir den Magen um. Obwohl ich da noch nicht wusste, was es mit den Ausgaben auf sich hatte. Alles war für unsere Familie ohnehin schon eine große Bürde und eine riesige Katastrophe. Und ich wusste nicht, wofür der Herrgott Mutti und uns so strafen würde. Aber mit dem Auftritt dieser Frau war für mich klar, die hat uns der Teufel geschickt.

Am 5. Januar hatte Mutti ihren 42. Geburtstag. Ganz sicher war ich dort. Ich kann mich aber an diesen Tag überhaupt nicht erinnern. Als ich sie einige Tage danach wieder besuchte, zeigte sie mir die Perlenkette, fing an zu weinen und sprach es treffgenau aus. „Dieses Ding hat Papa bestimmt von Anita. Für mich sowieso zu spät."

Als ich sie die nächsten Male besuchte, sprach sie nicht mehr, und ich bin nicht sicher, ob sie mich noch wirklich wahrgenommen hat. Am letzten Abend war mein Vater noch bei ihr. In der Nacht zum 8. Februar 1963 ist sie gestorben. Zwei Monate bevor meine Schwester acht und ich sechzehn Jahre alt würden. In dieser Nacht schliefen meine Schwester und ich bei der lieben Familie aus der Nachbarschaft, von der ich schon berichtete. Die Mutter informierte uns mit den Worten, „eure Mutti hat es geschafft. Sie ist um Mitternacht eingeschlafen".

Wochenlang konnte ich schon nicht mehr weinen. Muttis Leiden hat mich nur innerlich zerrissen. Und auch jetzt war ich nicht einer einzigen Träne fähig. Es fühlte sich vielmehr an, als wenn ein grausamer Traum ablief, der alle Ereignisse der letzten Jahre in einem einzigen Augenblick komprimierte. Aber es war der Tag, an dem ich definitiv für immer aufgehört habe zu beten.

Die Bestattung

Die Erdbestattung fand auf dem Meisenburg-Friedhof in Essen-Bredeney statt. Zunächst gab es eine kurze Trauerfeier in der Kapelle. Ich erinnere mich nicht daran und auch nicht, wie wir dort hingekommen waren. Aber ich sehe mich danach vor der Kapelle stehen, als auf einem kleinen Wagen mit Deichsel der Sarg vorbeigezogen wurde und die kleine Trauergemeinschaft sich hinter dem Wagen anschloss. Obwohl ich alles nur in einer Art Trance erlebte, hat sich mir doch ein Bild fürs Leben lang eingeprägt. Als erster ging mein Vater. Und an seiner Seite ging – ganz wie selbstverständlich – Anita, die weder mit Mutti noch Vater verwandt, noch eine gute Freundin war. Was für eine Inszenierung. Ohne beachtet zu werden, ging ich buchstäblich mutterseelenallein mit meinem Schmerz hinter diesen beiden her. Ich glaube, dass meine Schwester nicht dabei war. Aber in meiner psychischen Dunstglocke fühlte ich plötzlich, wie jemand meine Hand nahm und mit mir gemeinsam ging. Sofort dachte ich an Tante Ria. Aber als ich aufschaute, war es die Frau unseres Hausbesitzers, die Mutter der beiden LKW fahrenden Studenten. Ganz sicher wusste sie, wie sehr sie mir damit half. Und ganz sicher hatte sie die Situation glasklar erfasst. Zuvor erschien sie mir immer nur unnahbar und Respekt einflößend. Jetzt verband uns etwas Einmaliges. Diese Erfahrung gehörte zu einem der Ereignisse, die meine spätere Lebenseinstellung prägten und mich mein Menschenurteil immer erst nach gewissenhafter Abwägung fällen ließ. Als der Sarg herabgelassen wurde, riss es mir fast die Beine weg. Meine neue Begleiterin hatte inzwischen ihren Arm um meine Schulter gelegt und gab mir buchstäblich Halt. Aber in mir waren alle Gefühle abgestorben. Bis auf einen unbeschreiblichen Druck auf der Brust, der mich am Atmen hinderte. Und es sollte Jahre dauern, bis ich wieder würde weinen oder lachen können. Wie gesagt, ich erinnere mich nur schemenhaft an diesen Tag. Aber da Anita wohl offensichtlich das Zepter in die Hand genommen hatte, wurde sicher alles getan, um eine gute Figur abzugeben „für die Leute“ und zünftig zu Kaffee und Kuchen eingeladen.

Mein Vater hat an diesem Tag keinerlei offene Gefühlsäußerungen gezeigt. Ich war überzeugt, der könne gar nicht weinen. Als aber 1980 meine Großmutter in Holland beerdigt wurde, also seine Mutter, hat er lauthals wie ein Schlosshund Rotzblasen geheult. Damit hatte er wohl nicht nur mich völlig verblüfft. Ob er sich da wohl vorstellen konnte, wie ich mich mit 15 bei der Beerdigung meiner Mutter gefühlt habe?

Intermezzo und Fauxpas

In den folgenden Wochen ging ich weitestgehend meinen gewohnten Aufgaben im Haushalt nach, die ich nun aber weit weniger aufwendig erledigte. Und nach wenigen freien Tagen hatten Marie-Louise und ich auch wieder Schule und ich versuchte alles zu Vaters Zufriedenheit zu schaffen. Wie es meiner Schwester bei alledem ging, hielt sie unter der Decke. Sie sprach nicht viel mit mir und nicht über die letzten Wochen und Muttis Tod. Nach der Schule aßen wir gemeinsam eine Brotmahlzeit und besprachen den restlichen Tagesablauf. Die schon erwähnte fürsorgliche Familie einige Häuser weiter hatte angeboten, sich vorübergehend nachmittags um Marie-Louise zu kümmern, was Vater gern in Anspruch nahm. Und so machte sie meist dort ihre Hausaufgaben und spielte danach mit anderen Kindern zu Hause oder draußen. Am Abend aßen wir dann mit Vater, was ich gekocht oder zubereitet hatte.

Ob ich Nachbarn oder Freunde aus der Gruppe traf, oder zum Einkaufen in die Geschäfte ging, immer wurden gut gemeinte Beileids- und Mitleidsbekundungen über mich ausgeschüttet, die ich höflich anzunehmen versuchte, die mir aber unerträglich waren. Sie verstärkten nur noch die Spannung der würgenden Klammer, die um meine Brust lag. Und ich hasste es, der hilflose kleine Knirps zu sein, den man nur bedauern konnte. Schließlich war ich fast 16, war sehr selbständig und hatte eigentlich eine Menge Selbstbewusstsein. Wenn auch keine Gefühle mehr. Aber gegen mein Elend bäumte sich nochmal meine Psyche auf. Zumindest in meiner Jugendgruppe wollte ich wieder ein voll respektiertes Mitglied sein. So fasste ich den Entschluss, einmal zu zeigen, was ich doch noch für ein kerniger Typ wäre.

Zu dem Auslieferungslager für Farben und Lacke aller Art, das hinter unserem Haus lag, gehörten zwei Lieferfahrzeuge. Einer der jungen Fahrer, selbst noch ein Draufgänger, hatte mich auf dem großen Ascheplatz im Hinterhof gelegentlich zwei-, dreimal mit dem Mercedes-Kastenwagen eine Runde fahren lassen, nachdem er sich bei einer „Trockenübung“ überzeugt hatte, dass ich die Abläufe kenne. Die Fahrzeuge standen abends und am Wochenende mit der Nase zur Laderampe hinter der Halle. Die Schiebefenster waren nie verriegelt. Das seinerzeit schlichte Zündschloss benötigte nur einen runden Metallstift im richtigen Durchmesser, den ich hatte, um Kontakt zu melden. Gestartet wurde dann mit einem Zugschalter und mit Vorglühen. Mit dem Rad fuhr ich nun bei drei Gruppenmitgliedern vorbei und kündigte an, am heutigen Sonntag um xx Uhr bei uns eine Runde mit dem Kleinlaster zu fahren. Es hat sich dann zwar nur einer eingefunden, aber dieser würde ja den anderen berichten. Um eine Runde zu fahren, musste das Fahrzeug zunächst etwa zehn Meter zurückgesetzt werden. Ich startete also, legte den Rückwärtsgang ein und fuhr zügig an. Bis es hinten ordentlich knallte. In gleicher Sekunde stand ich auf der Bremse. Ein Moment Stille, gefolgt von einem dröhnenden Scheppern und einem weiteren Rumms. Hinter einer seitlich stehenden Doppelgarage hatte jemand von der Spedition unseres Hausbesitzers einen LKW-Anhänger für Schüttgut abgestellt, von dem nur die Deichsel hervorragte, die ich nicht sehen konnte. Da bei dem Hänger das rechte Vorderrad fehlte, war die Radtrommel mittels einer dreibeinigen Drehstütze aufgebockt. Ich hatte mit dem Kastenwagen die Deichsel erwischt und weggedreht, so dass der Anhänger sich nur noch einige Sekunden hielt und dann vorne hinunterkippte und mit der oberen Ladekante gegen den Kastenwagen schlug. Der hatte eine ordentliche Delle. Dem Hänger war wohl nichts weiter passiert. Was für ein Fiasko. Ich versank mit glühenden Ohren vor Scham im Boden. Sehnlichst hätte ich gewünscht, dass auch der eine Junge aus der Gruppe nicht gekommen wäre. Dem Filialleiter der Farbenfirma, der bei uns im Haus wohnte, habe ich dann montags knirschend meine Tat gestanden. Der wollte nur den Schaden ersetzt haben und weiter nichts aus der Sache machen. Von unserem Hausbesitzer gab es einen ordentlichen Rüffel. Aber der alte Anhänger habe weiter keinen Schaden genommen. Und mit Hilfe eines Gabelstaplers konnte der wieder aufgebockt werden. Als ich den Vorfall meinem Vater beichtete, rastete der allerdings aus und ich erhielt eine gewaltige Tracht Prügel mit einer leeren Flasche. Mein Vater hatte immer für uns Kinder eine Haftpflichtversicherung gezahlt. Ob diese für den Schaden aufgekommen ist oder wie es mit dem Nachbarn geregelt wurde, ist mir nicht bekannt. Wie ich viel später von Tante Else hörte, hat Anita auf dem kurz darauf stattfindenden Klassentreffen im Handelshof allerdings allen berichtet, dass Mariannes Sohn ein Autodieb sei und nicht unbeaufsichtigt bleiben könne. Der Junge habe ein Auto gestohlen und damit einen Unfall verursacht. Soweit ihre Schilderung. Sie würde sich darum kümmern, dass die Kinder in ein Internat gehen können. Nun war es raus! Und als Autodieb hat sie mich auch in unserer gesamten Nachbarschaft und Bekanntschaft gebrandmarkt. Und dann wurde mir wenige Tage später von meinem Vater und Anita folgender Entschluss mitgeteilt: Ab sofort verbiete man mir jeglichen Kontakt zu bisherigen Freunden und Bekannten meiner Eltern. Diese seien keine wirklichen Freunde und passen nicht „zu uns“. Zu uns?? Ich will nicht alle aufzählen, aber dazu zählte z.B. ein sehr nettes Ehepaar mit zwei Töchtern in meinem Alter, die am Stadtwaldplatz ein Wäschegeschäft betrieben und lange vor dem Krieg mit meiner Mutter befreundet waren. Ich nannte sie Tante Ilse und Onkel Alfred. Oder Onkel Herrmann, der ein im Raum Essen bekanntes Restaurant für Brathähnchen hatte. Und mein zweiter Patenonkel Jupp, ein ehemaliger Eisenbahnkollege meiner Mutter, der pensioniert und Vorsitzender des örtlichen Fußballclubs war. Und noch einige mehr. Keine Anrufe, keine Besuche. Basta!

Nun war ich zwar zu der Zeit gefühllos, aber nicht blöd. Es bestätigte genau den Eindruck, den ich mir von Anita gemacht hatte. Sie räumte hemmungslos, egoistisch und ignorant alles aus dem Weg, was meinen Vater daran hätte hindern können, Zeit mit ihr zu verbringen. Denn auch er sollte diese Kontakte natürlich aufgeben. Und er schien ihr willenlos zu folgen. Im Übrigen seien Vater und Anita inzwischen „per du“, und ich solle zukünftig auch „du“ und Tante Anita zu ihr sagen.

Der Anfang vom Ende?

Wenige Wochen später, etwa eine Woche nach meinem 16. Geburtstag, an den ich mich mangels Beachtung nicht weiter erinnere, teilte mir mein Vater mit, dass ich zu einem Ostertreff der Kirchengemeinden mitsamt Jugendgruppen angemeldet sei. Es gehe in eine Jugendherberge ins Sauerland. Abfahrt sei Ostersamstag mit dem Bus von unserer Kirche aus. Rückkehr Ostermontag. Keine Ahnung, woher sie davon wussten. Ich sage „sie“, denn das ist ja nicht meinem Vater allein eingefallen. Ohne mit mir zu sprechen wurde über mich in meiner schweren Depression einfach verfügt. Und ich war einfach mental zu erschöpft, um mich dagegen zu wehren. Widerstandslos packte ich die paar Sachen für zwei Nächte in den kleinen Koffer, den mir Anita bereitgestellt hatte. Am Samstagmorgen ging ich unwirklich wie im Traum zum Bus und fand Platz inmitten meiner Gruppenmitglieder. Auf gings ins Sauerland. Nach der halben Strecke wurde mir schwindlig und übel. Der Bus machte Halt und ich übergab mich am Waldrand. Der Busfahrer gab mir darauf einen kleinen Eimer. Ohne dessen weitere Benutzung überstand ich dann den Rest der Fahrt. Aber bei Ankunft konnte ich mich nur mühsam auf den Beinen halten. Ich bekam etwas Tee, der meinem Magen gut tat. Trotzdem beschloss einer der Jugendbetreuer, der mit seinem Auto dort war, mich nach Hause zu fahren. Auf der Rückfahrt sprach der Betreuer beruhigend mit mir und befragte mich über meine Situation, so dass ich mich bald etwas erholte. Als wir ankamen, begleitete er mich nach oben und berichtete meinem Vater an der Wohnungstür kurz, was geschehen war. Vater reagierte aber stinksauer und sehr irritiert. Das war natürlich nicht geplant, dass ich zurückkam, während Anita in unserem Kinderzimmer dabei war, für uns Kinder die Koffer zu packen. Aber peinlich war ihr ja nichts. So wurde ich nun direkt informiert, dass ich am Dienstag „in ein Internat“ (!!) nach Duisburg gebracht würde.

„Und Marie Louise?“, fragte ich.

„Kommt nach Kaiserswerth zu den Nonnen.“

Da fühlte ich, wie sich schlagartig mein Magen wieder herumdrehte, und ich hätte beinah in den halb gepackten Koffer gekotzt, den sie gerade noch wegziehen konnte. Sicher überflüssig zu erwähnen, wer anschließend alles sauber machen musste.

Die Entwürdigung

So saß ich am Dienstagmorgen hinten im Opel Rekord, Anita am Steuer und Vater als Klugscheißer mit Angstschweiß auf dem Beifahrersitz. Einen Führerschein hatte er da noch nicht. Aber er wusste wohl tierisch Bescheid. Ich bin sicher, dass Anita die Zukunft schon bildlich vor Augen hatte. Vater würde ruckzuck den Führerschein machen. Und sie danach dann immer chauffieren. Dann würde sie ihm so lange reinreden, bis er um den Beifahrerplatz betteln würde. Um es vorweg zu nehmen: So kam es auch.

Nach rund 45 Minuten hielten wir vor einem großen grauen Gebäude in der Niederstraße in Duisburg. Es war schon äußerlich bedrückend. Eine Tafel mit Wappen und der Aufschrift Katholisches Kinderheim, Salesianer Don Bosco Orden, ließen nichts Gutes vermuten. Wie zu grauer Vorzeit läutete innen eine Glocke, als Anita außen an einem Messinggriff zog. Ein Pater in schwarzer Kutte ließ uns hinein. Er sei der Pater Prior und er wisse Bescheid. Er rufe den Pater Präfekt. Der zeige uns meinen Platz und gäbe mir alle weiteren Informationen. Über den finsteren Flur mit steinernem, schwarz/weißem Mosaikboden erschien ein etwa 140 kg Mann von zwei Metern Größe in Kutte. Schuhgröße 49, platte Boxernase, Gesicht übersät mit Pockennarben und Hände wie ein Gorilla. Mit lauter tiefer Stimme begrüßte er uns knapp und sagte: „Mitkommen!“.

Über eine breite, sehr ausgetretene und stark knarrende Holztreppe mit überdimensioniertem Eichengeländer ging es nach oben. Ich hörte keine weiteren Tritte hinter mir. Auf halber Treppe stellte ich den schweren Koffer ab. Als ich mich umdrehte, war niemand da. Anita und Vater hatten sich verkrümelt, ohne sich meine Bleibe anzusehen und ohne sich von mir zu verabschieden. Einer dieser Momente, die ich ein Leben lang nicht vergessen habe. Gedemütigt und entwurzelt rang ich nach Luft.

„Geht's mal weiter?", dröhnte der „Boxer", der sich über den Abgang in dieser ersten Runde offensichtlich keinen Kopf machte. Sicher war es so besprochen. Es ging noch eine weitere Treppe hinauf. Im zweiten Stock führte mich der Pater in einen von zwei Schlafsälen. Hier standen 16 Betten mit Eisengestell und braun-grauen Wolldecken, Marke Bundeswehr. Jeweils acht Betten standen mit dem Kopfende an den langen Wänden. Dazwischen mittig im Saal eine Reihe Spinde aus Blech und ein langer Waschtrog mit einer Reihe von Hähnen. Das letzte Bett links stand unter dem Fenster in der Ecke.

„Das ist deins. Bettzeug liegt drauf. Das kannst du dir beziehen. Der linke Spind ist für deine Sachen. Waschzeug und Zahnbürste oben rein. Was nicht rein geht, bleibt im Koffer. Koffer unters Bett! Ich zeig dir den Rest."

Ich war sicher, dass es nur ein Traum sei, stellte meinen Koffer ab und folgte dem Pater. Im ersten Stock waren der Sanitärraum mit einer Reihe von sieben oder acht WCs und zwei oder drei Duschen mit halben Klapptüren und steinaltem Terrazzoboden sowie die

Privaträume der zwei Patres. Im dritten Stock war unter Dachschrägen der Speiseraum. Ein ganz langer Tisch für 40 Personen. Zwei Patres, ein Novize und zurzeit 32 Kinder. Gegenüber lag die sogenannte Kapelle für die Andachten und Gebete. Und da stand ein uraltes Harmonium. Im Keller mit Oberlichtern war der sogenannte Aufenthaltstraum, wo am Nachmittag unter Aufsicht des Novizen (Anwärter zur Priesterweihe und Ordensaufnahme), der Jeans und Pullis trug, Schulaufgaben und anschließend meist Spiele gemacht wurden.

Alles in allem legte sich dieses Gruselkabinett zusätzlich noch auf meine tief zerrüttete Psyche und ich hätte gern Rotzblasen geweint oder geschrien. Aber ich war zu jeder Gefühlsäußerung außer Stande.

Nachdem ich meine drei Sachen verstaut hatte, ging ich mit den eingetroffenen anderen Jungen nach oben zum Mittagessen. Problemlos fand ich ganz am Ende der Sitzreihe meinen Platz. Der Boxer stellte mich den anderen Kindern vor und zeigte mir zwei Jungen, die in die gleiche Schule gingen, in die ich gehen würde. Die würden mich am nächsten Morgen mitnehmen und zum Direktor bringen. Keine Ahnung, wieso ich dort schon angemeldet war. Dann sprach der Pater das Mittagsgebet vor dem Essen und amen! Sicher ist ihm dabei sofort aufgefallen, dass ich als Einziger nicht die Hände vor der Brust faltete, sondern diese nur mit verschränkten Fingern auf die Tischplatte legte. Aus Vorlegeschüsseln aus Alu oder Stahl mit Emaille füllte sich jeder auf. Ob und von wem hier im Hause gekocht wurde, weiß ich nicht mehr. Ich erinnere mich nur daran, dass wir auch Frühstück und Abendbrot in dem Speiseraum einnahmen. Morgens gab es plörrigen Kakao und einen festen kalten Brei aus Haferflocken und Milch. Wie Müsli, nur ohne Obst. Süßen konnten wir aus Zuckerspendern, die auf dem Tisch standen. Abends wurde dann immer Hagebuttentee in großen Thermoskannen gereicht. Wir schmierten uns selbst die Stullen. Ein Scheibchen Wurst und ein Scheibchen Käse lagen bei jedem auf dem Teller. Wie im Krankenhaus. Marmelade stand in Kompottschalen auf dem Tisch. Wer immer aufgedeckt und abgeräumt hat, ist mir auch nicht mehr gegenwärtig. Wie schon gesagt, ich erlebte dort alles wie in Trance. Auch habe ich keinerlei Vorstellung von der Schule oder den Lehrerinnen und Lehrern. Obwohl ich dort etwa sieben oder acht Wochen gewesen sein muss.

Aber ich erinnere mich sehr genau an die Nächte im Schlafsaal und an das morgendliche Wecken. Um 21.00 Uhr war Bettruhe. Dann wurde das Licht gelöscht. Fast jede Nacht kniete ich Stunden auf dem Bett, mit den Armen auf der Fensterbank, und blickte über den erleuchteten Binnenhafen. In der Ferne glühte in zeitlichen Abständen der ganze Himmel rot auf, wenn beim Stahlwerk bestimmte Arbeitsgänge stattfanden. Und aus einem hohen Schlot brannte Tag und Nacht eine riesige Flamme. Ich stierte darauf, bis die körperliche Erschöpfung mich zum Hinlegen zwang und ich in einen Halbschlaf sank. Ich vermisste meine

Mutter so sehr, dass der Schmerz mir keinen Tiefschlaf gönnte.

Um 6.30 Uhr schrillte dann immer ein markerschütternder Ton aus der Trillerpfeife des Paters durch den Schlafsaal, gefolgt von seinem Ruf: „Gelobt sei Jesus Christus!“ Unter Bestätigung durch ein geschlossenes „In Ewigkeit, amen!“ sollten alle Jungen aus den Betten sein. Außer zum Wecken, zu den Mahlzeiten und zum Gottesdienst, sah man den Pater aber eigentlich nicht. Immer um uns herum war dafür der Novize.

Wie gesagt, an den Schulweg und die Schule erinnere ich mich nicht. Aber die Nachmittage und Abende waren hier eine Qual. Und das wurde getoppt durch die Wochenenden. Ein unendliches ödes Herumhängen. Ein perfekter Nährboden für meine unerträglichen Seelenschmerzen. Alle Jungen waren zwei bis drei Jahre jünger als ich. Fast alles vom Jugendamt eingewiesene Heimkinder, die – warum auch immer – kein oder kein funktionierendes Elternhaus hatten. Ich war ohnehin zugeschnürt und fand keinerlei Interesse an deren Spiele. Weder drinnen im Aufenthaltsraum noch auf dem asphaltierten Innenhof, wo höchstens gebolzt wurde. Warum, dachte ich, warum muss ich hier sein? Hatte ich nicht seit mehreren Jahren vielseitig Verantwortung gezeigt und meine Selbständigkeit bewiesen. Hatte ich nicht mit Fleiß und Gewissenhaftigkeit geduldig und klaglos alle erforderlichen Aufgaben übernommen. Unter weitestgehendem Verzicht auf eigene Wünsche und Bedürfnisse?

Warum will der Teufel Anita (den kann man nicht gendern) mir jetzt noch meine Würde nehmen? Ganz langsam, aus der Tiefe meiner Psyche heraus, begann sich etwas aufzubäumen.

Der Versuch, ein Einsehen zu finden

Als etwa zwei Wochen vergangen waren und ich in einer der quälenden Nächte wieder auf dem Bett kniend in die entfernte Industrieflamme schaute, ploppte in meinem Gehirn unvermittelt etwas auf, das mir sagte, so hältst du dein Leben nicht aus. Wenn du es nicht beenden willst, muss sich was ändern. Und es kann sich nur etwas ändern, wenn *du* es änderst. Also geh zu deinem Vater und erkläre ihm, dass du so nicht leben kannst. Sag ihm, dass er deine engste Bezugsperson sei und dass du sonst niemanden auf der Welt mehr hättest, um dich festzuhalten. Er solle dich bitte zurück nach Hause lassen, wo du wenigstens ihn und möglichst deine Schwester bei dir haben könntest. Du wirst dich schon morgen auf den Weg machen.

So ging ich am Morgen ohne Schultasche los. Ohne den nötigen Ausgangsschein und ohne einen Pfennig machte ich mich am Freitagmittag nach der Schule zu Fuß auf in Richtung Essen. Ich orientierte mich an der Straßenbahntrasse, an Verkehrshinweisschildern und Himmelsrichtung. Immer nach Osten. Also Sonne immer irgendwo rechts. Es dauerte Stunden im Marschtempo, bis ich über Mühlheim nach Essen-Haarzopf gelangte. Am Abend klingelte ich immer wieder bei meinem Vater, der jedoch nicht öffnete. Inzwischen war es stockfinster und die Kälte der Mainacht kroch mir in die Glieder. Ich hatte keine Kraft mehr, herumzugehen und kauerte mich auf die Treppe des alten Kinos. Auf der anderen Seite der schmalen Straße wohnte Heinzi, ein Klassenkamerad meiner Schwester. Als dessen Vater zum Rauchen ans Fenster kam, entdeckte er mich dort und kam herunter. Nachdem ich ihm die Situation erklärt hatte, bot er mir an, die weitere Nacht in seinem alten Volkswagen zu verbringen, der vor dem Kino parkte, und schloss das Fahrzeug auf. Dann gab er mir noch eine alte Wolldecke aus dem Kofferraum. Auf der Rückbank konnte ich mich halb hinlegen. Die Müdigkeit überwog Kälte und Unbequemlichkeit, und ich schlief einige Stunden bis zum Hellwerden. Am Samstag klingelte ich in Abständen erneut bei Vater. Ich hatte ein paar Groschen und versuchte auch anzurufen. Nichts! Als Nachbarn mittags das Haus verließen, kam ich ins Treppenhaus. Es war ein sehr erniedrigendes Gefühl, quasi vor der eigenen Wohnung zu stehen und keinen Schlüssel zu haben. „Den Schlüssel brauchst du nicht mehr, der bleibt hier", hatte der Teufel mich noch vor der Abfahrt angeranzt. Ich beschloss, auf der Treppe zu warten, bis Vater nach Hause käme. Schon mehrere Male war ich über die Kellertür zum Pinkeln in den Hof gegangen, die ich danach nicht geschlossen hatte. Als am späten Abend die Wohnungsnachbarn nach Hause kamen, nahmen sie mich mit in ihre Wohnung, wo ich ihnen meine ganze Geschichte erzählen konnte. Von Mutters Tod wussten sie natürlich. Aber es war für mich eine riesige Erleichterung, zum ersten Mal über all das und über die aktuelle Situation zu sprechen. Bis dahin hatte ich noch keine Silbe herausgebracht.

Da Vater nicht kam, durfte ich bei dem Ehepaar auf der Couch übernachten. Und ich bekam zu essen und zu trinken. Nach dem Frühstück versuchte ich es erneut und klingelte an unserer Wohnung. Als Vater die Tür öffnete, schrie er mich an: „Was willst du denn hier? Was fällt dir ein, hier einfach aufzutauchen?“.

Ich kam überhaupt nicht zu Wort, da hatte er die Tür schon wieder zu und ich hörte, wie er mit Anita lautstark am Telefon zeterte. Dann ging die Tür noch mal auf und er herrschte mich an: „Du wartest vor der Haustür, bis ich runterkomme!“

Die Nachbarn hatten derweil ihre Wohnungstür noch immer offen und alles mitbekommen. „Wir können nichts tun“, sagten sie. „Dein Vater ist erziehungsberechtigt und kann deinen Aufenthalt bestimmen.“

Eine gute halbe Stunde später erschien Anita mit dem Auto. „Du hast wohl nicht alle Tassen im Schrank“, sagte sie nur. Vater sah sie kommen und kam auch. Wortlos schoben sie mich dann auf den Rücksitz und fuhren los. Jedes Sprechen meinerseits wurde unverschämt schroff schon im Ansatz unterbrochen. Da wurde mir bewusst, wie sinnlos mein Gedanke war, etwas unter Mitwirkung von Vater und Anita zu erreichen.

Im Kinderheim angekommen ergab sich zunächst ein Streitgespräch zwischen dem Pater und Anita, wer wen hätte informieren müssen. Ich wurde vom Pater buchstäblich am Kragen gepackt und mit den Worten „Wir sprechen uns mal im Büro!“ voraus geschoben. Das Gespräch fand in überraschend ruhigem, aber strengem

Ton statt. Er stellte Fragen, ich gab Antworten. Am Schluss sagte er unmissverständlich: „Wer das Heim unerlaubt und ohne Abmeldung verlässt, fliegt fristlos raus. Du bekommst eine letzte Chance.“ Dann verblüffte er mich total. Da ich völlig übermüdet und erschöpft war, zitterte ich. Der Pater holte zwei Becher aus dem Schrank und schenkte uns aus seiner Thermoskanne etwas warmen Tee ein. Kräutertee. Dann holte er eine kleine Flasche aus seinem Schreibtisch und gab davon einen sehr ordentlichen Schuss dazu. Klosterfrau Melissengeist sei Medizin und würde uns beide wohl etwas beruhigen, meinte er. Wir tranken es auf einen Zug.

„Und jetzt ab unter die Dusche, du stinkst!“

Eine neue Strategie

In einer dunklen Nische im Tagesraum stand ein alter verstaubter Schrank aus tiefdunklem Holz mit Ornamenten. Seit Tagen saß ich nachmittags an dem Tisch davor, etwas abseits des Lebens, und schaute desinteressiert auf die anderen Jungen und ihr Treiben im Saal. Kennt ihr das Gefühl, als wenn jemand einen von hinten anschaut? So etwas beschlich mich aus Richtung Schrank. Ein Impuls, der mich aus meiner Lethargie hervorholte und mir zu sagen schien: Schau jetzt mal in den Schrank. Mach auf!

Es steckte kein Schlüssel drauf, aber die Tür ließ sich öffnen. Bücher. Er war voll mit Büchern. Soweit ich es beurteilen konnte, alles wissenschaftlich. Alte Lehrbücher für Studierende vermutlich. Und da in der Mitte stand ein dickes Buch mit knallrotem Einband, das meinen Blick anzog. „Psychologie. Entwicklung und Problematik des Gefühlslebens" von Leo Dembicki. Auf meine Frage, ob ich das einmal nehmen könnte, sagte der Novize, es seien alles ausrangierte Bücher. Ich könne es gern nehmen und auch behalten. Und trotz meiner erst 16 Jahre begann ich dieses Werk zu lesen, und es begleitete mich die nächsten Jahre.

Nachdem ich nochmal zwei weitere Wochen größte Einsamkeit ausgehalten hatte, blickte ich aus meinem Fenster mit einem etwas anderen Gefühl in die Nacht. Ich weiß nicht, ob es auch mit dem Lesen zu tun hatte. Aber es war, als würde mich die Flamme des Stahlwerks etwas beruhigen und die Gedanken in meinem, bis dahin gelähmten Gehirn buchstäblich befeuern. Und dann fielen mir die häufigen demütigenden Sprüche meines Vaters ein, wenn ihm meine Zeugnisnoten nicht genügten, obwohl ich trotz aller Widrigkeiten niemals sitzen geblieben war.

„Du wirst später nur Steine schleppen.“

Ich vermisste meine Mutter unglaublich. Aber einen Teil dieser Trauer konnte ich jetzt umlenken in Wut. Ich werde mir gewisse Rechte holen, dachte ich. Das hier habe ich nicht verdient. Ich besaß eine braune Aktentasche aus Leder für die Schule. Ein Geschenk von Opa aus Berlin. Am Morgen schob ich die Schulsachen unters Bett und packte etwas Unterwäsche und Socken, zwei T-Shirts und meinen Kulturbeutel mit Utensilien hinein. Und statt zur Schule machte ich mich wieder auf den langen Fußmarsch nach Essen. Anfang Juni war es zum Glück nicht mehr so kalt. Ich ließ mir Zeit und machte viele Pausen, denn ich wollte zu Rudi, dem 31-jährigen Betreuer unserer Jugendgruppe, der erst am Nachmittag von der Arbeit kommen würde. Und ich hatte einen festen Plan. Ich wollte in ein anderes Umfeld. Als ich alles mit Rudi besprochen hatte, telefonierte er mit einem Freund, der in gehobener Position bei der Kirche tätig war, ich glaube als Dekan. Der wohnte in der Nähe und den besuchten wir am Abend. Nach längerem Gespräch hat dieser mich zunächst für zwei bis drei Tage in einer Art Kloster namens St. Altfrid untergebracht am Rande von Essen-Kettwig. Dort wurden regelmäßig sogenannte Exerzitien veranstaltet, eine Art von Selbstfindungs-

Seminaren. Alles Weitere wollte er am nächsten Tag mit dem Jugendamt klären und mit denen gemeinsam meinen Vater besuchen. Rudi brachte mich noch am Abend nach St. Altfrid. Ich bekam ein schlichtes, aber sauberes Einzelzimmer und wurde als Gast verpflegt.

Ich mache es kurz. Da das Jugendamt das Kinderheim in Duisburg für mich unangemessen fand und ich dort auch seitens der Patres nicht mehr bleiben konnte, aber auch mein Vater mich nicht „zurücknehmen" wollte, hat sich das Jugendamt mit meinem Vater wie folgt geeinigt: Bis zum Ende der Sommerferien sollte ich gegen ein Taschengeld und Kost und Logis auf einem Bauernhof im Osten von Essen Kray mitarbeiten. Vater sollte mich anmelden in der Mittelschule Langeoog, einem bodenständigen, gut bezahlbaren Internat, wo ich nach den Sommerferien einen Platz bekommen könnte.

Noch immer kam ich nicht in die Wohnung. Rudi, der in Duisburg-Ruhrort als Elektroniker arbeitete, holte mit Erlaubnis meines Vaters meinen Koffer mit meinen Sachen aus dem Kinderheim und fuhr mich von St. Altfrid direkt zum Bauernhof. Es gab dort nur das Bauernehepaar und zurzeit keine weiteren Helfer. Ich bezog ein kleines Zimmer mit mittelalterlichem Bett und Schrank und wurde als „Knecht" voll in die Pflicht genommen. Aufstehen um 5 Uhr und Kühe von der Weide holen und mit Hilfe eines Besenstiels zum Melken in den Stall treiben. Den ersten Morgen ging der Bauer mit, um zu zeigen, wie es geht und dass keine Gefahr besteht. Während des Melkens schippte ich Kraftfutter aus der Schubkarre vor die Kühe. Der Treber kam pappig aus der Brauerei und war sehr schwer. Nachher die Kühe zurückbringen. Danach Frühstück in der Küche. Das war sehr ordentlich. Es fielen alle denkbaren Aufgaben eines bäuerlichen Betriebes an. Und zwar so, wie 1963 noch gearbeitet wurde. Nach dem Frühstück zuerst Kuhstall ausmisten. Hühner füttern, Eier einsammeln, Hühnerstall ausmisten. Getreide mähen nur mit dem Mähbalken. Halme bündeln zu Garben und aufstellen als Tippis. Die Frau machte alles vor. Der Anfang war am schwersten, bis mal fünf Garben stehen blieben.

Um 12.00 Uhr war immer Mittag. Ich aß mit dem Ehepaar im Wohnzimmer. Deftig und gut. Danach war ich so kaputt, dass ich 30 Minuten fest schlief. Im Heu. Um 13.15 Uhr ging es weiter. Bis ich nach zwei oder drei Tagen während des Mittagsschlafs hörte: „Jan, geh mal beim Bruder und hol den Trecker!“ Als ich erschreckt aufgesprungen war, zeigte der Bauer mit ausgestrecktem Arm in die Ferne. „Der Hof da drüben“, sagte er.

Der Hof des Bruders lag noch gerade in Sichtweite am Hang des gegenüberliegenden seichten Hügels.

„Du kannst doch Auto fahren? Du nimmst den Opel und fährst runter Richtung Landstraße. Hundert Meter vor der Landstraße biegst du rechts ab in den Feldweg. Der geht immer parallel zur Straße. Irgendwann biegt der nach links und du musst die Landstraße überqueren. Da musst du besonders vorsichtig sein, weil das Stückchen dann kein Privatweg ist. Auf der anderen

Seite geht der Weg weiter direkt zum Hof. Da lässt du den Rekord stehen und bringst den roten Trecker direkt nach hier hin. Das Auto nehmen wir dann wieder mit, wenn wir den Trecker zurückbringen. Und beeil dich!“

Das alte Auto stand neben der Scheune und der Schlüssel steckte. Diese Fahrt mit Auto und Trecker war mein schönstes Erlebnis in dieser Zeit auf dem Hof. Als ich zurück war, koppelten wir den großen Anhänger an den Trecker.

Am nächsten Morgen fuhren wir dann aufs Feld. Der Bauer zog im Schneckentempo den Anhänger übers Feld, die Frau stand auf dem Hänger zum Packen, und ich steckte mit der Forke die Garben hoch. Je höher, umso schwerer wurden die Dinger. War der Hänger voll, fuhren wir zum Abladen zur Scheune, wo die Dreschmaschine stand. Dann gab‘s auch zu essen und zu trinken. Das ging so bis zum nächsten Mittag. Eines Morgens nach dem Melken hieß es, diese Kuh bleibt hier. „Du holst mal den Bullen“, sagte der Bauer.

Es gab Ärger und Diskussionen übers Stadtkind und die flaue Memme, weil ich ganz bestimmt nicht den Bullen holen wollte. Der hatte ein Stockmaß von 1,80 Meter und sah mit seinem Ring in der Nase angsteinflößend aus. Mit „hier muss man alles selbst machen“ kam schließlich der Bauer heraus, zerrend und wetternd mit einem Stock an dem Nasenring des Tieres, das sich widerwillig ziehen ließ. Nach der blitzschnellen Begattung beruhigten sich dann alle wieder.

Die Aufgaben des Tages erschöpften meine körperlichen Kräfte komplett. Nach dem Abendbrot ging ich zu Bett. Und die Bauersleute folgten gegen 21.00 Uhr. Um 5 war ja wieder die Nacht vorbei.

Der Abschied fiel nicht wirklich schwer

So vergingen die Wochen bis die Abreise nach Langeoog nahte. Diesen Samstag bekam ich mein letztes Taschengeld vom Bauern, so was wie 30 DM oder so, und nahm erleichtert Abschied. Mit meinem schweren Koffer schleppte ich mich zum entfernten Bus an der Landstraße und fuhr mit Umsteigen nach Essen-Haarzopf. Hier wurde ich von meinem Vater und Anita barsch empfangen. Mein Koffer wurde sofort geleert und Anita sortierte um und packte meine ganze verbliebene Wäsche und Kleidung ein. Neben dem Koffer gab es noch eine alte Reisetasche für Friesennerz, Straßenschuhe, Turnschuhe und Gummistiefel. Die hatten sie in einer Nummer über meinem Maß besorgt, laut der „Empfehlungsliste" der Schule.

Dann kam die letzte Nacht, die ich noch einmal in dieser Wohnung verbrachte, mit der mich so viel Erlebtes verband. Am Sonntagmorgen um 6 Uhr stand Vaters Kollege Rolf mit seinem Ford 12 M vor der Tür, mit dem er (noch) befreundet war und der sich angeboten hatte, mich zur Fähre nach Bensersiel in Ostfriesland zu fahren. Um ihm Gesellschaft zu leisten, fuhr mein Vater aber mit, denn es stand ja auch noch der lange Rückweg von mehreren Stunden auf dem Plan. Mit einer Pinkelpause in Oldenburg trafen wir sehr zeitig vor Abfahrt der Fähre ein. Nachdem das Ticket gelöst war, fragte Rolf, ob sie mich bis zur Abfahrt allein lassen und schon losfahren dürften. In Esens wollten sie essen gehen.

Mir war das wumpe.

Auf der Überfahrt, die 50 Minuten dauerte, schaute ich auf das glitzernde Wattenmeer. Intensiv atmete ich die aromatische Seeluft ein und nahm die typischen Geräusche auf, die ich zuletzt in Zandvoort in 1954 wahrgenommen hatte. Zum ersten Mal seit zwei oder drei Jahren spürte ich eine gewisse Ruhe in mir. Konnte ich doch wieder etwas besser atmen, als hätte sich der Riemen um meine Brust einen Hauch gelockert. Die Inselbahn, ein Schmalspurzug, brachte mich vom Hafen in den Ort, dem Zentrum Langeoogs. Das Gepäck, an dem Anhänger zeigten, in welches Haus es sollte, wurde auf einen Pferdewagen geladen und verschwand. Und ich musste zu Fuß mein Ziel suchen.

Die Mittelschule Langeoog war eine staatlich anerkannte private Schule. Der Schulleiter wurde von der Schulbehörde am Festland ausgewählt und von seiner Schule für jeweils zwei Jahre nach Langeoog „ausgeliehen". Für den Unterricht gab es ein modernes Schulgebäude mit gut ausgestatteten Klassenräumen, speziell auch für Physik und Chemie. Die Unterbringung der Schülerinnen und Schüler erfolgte aber in ausgewählten Pensionen der Insel, die ursprünglich Gasthäuser für Sommerurlauber waren und durch Verträge mit der Schule die Auslastung übers ganze Jahr sicherstellten. Getrennt nach Jungen und Mädchen waren in dem jeweiligen Haus zwischen sechs und zwanzig Kinder untergebracht. In einigen wohnte auch eine Lehrkraft zur Aufsicht und Betreuung, in anderen hatten die Pensionswirtinnen und -wirte diese Aufgabe vertraglich mit übernommen, neben der Wäsche und Verpflegung etc. Meine Unterbringung war in einem Haus gegenüber dem Friedhof im Ortskern. Als ich dort eintraf, stand mein Gepäck bereits im Flur. Eine Frau R. empfing mich freundlich und stellte mich den schon angereisten Schülern vor. Einige sollten noch später eintreffen. Dann zeigte sie mir das Haus und mein Zimmer mit drei Betten. Sie war die Wirtin des Hauses mit etwa zehn Schülern und war auch die Aufsichtsperson. Es gab vier Zimmer mit zwei bis drei Betten, einer Dusche und einer Toilette jeweils im ersten Geschoss und im Parterre und ein Waschbecken auf dem Zimmer. Im Tagesraum mit vier Tischen und zwölf Stühlen wurden die Mahlzeiten eingenommen und am Nachmittag die Schularbeiten erledigt. Am Abend konnten wir wahlweise auch im sogenannten Wohnzimmer Fernsehen schauen oder am Couchtisch (leise) Brettspiele machen. Dies war eigentlich der Wohnraum der Frau R. wo sie sich regelmäßig mit aufhielt. Sie machte mit einer externen Hilfe und der gelegentlichen Mithilfe ihrer halbwüchsigen Tochter, die ein eigenes Zimmer hatte, den ganzen Haushalt. Das konnte sie natürlich nicht schaffen, weswegen immer im Wechsel ein Teil der Schüler für alle möglichen Tätigkeiten in Haus und Küche rekrutiert wurde, wenn die Schularbeiten fertig waren. Es war dann militärisch und ohne Diskussion. Nur der andere Teil hatte frei und konnte ins Dorf oder zum Strand gehen. Am Nachmittag wurde dann z.B. soweit möglich das Mittagessen für den nächsten Tag vorbereitet oder – für mich neu – an der Wäschemangel gearbeitet. Und zweimal in der Woche war am Nachmittag eine Stunde Sportunterricht. Wenn es trocken war, am Strand. Auch im Winter. Bei Regen in der Turnhalle. Der Sportlehrer steckte z.B. im festen Sand mithilfe einer Kordel und Fähnchen eine Distanz von 500 Meter ab, die wir dann zehnmal ablaufen mussten zum 5000–Meter-Lauf. Für uns immer wieder nervig und amüsant, wenn er sich am Ende einreihte und die letzten 200 Meter mitlief unter Ausrufen wie: „Nicht so müde, ihr Luschen!"

Da die Lehrer sich oft auch für samstags irgendwelche Aktivitäten einfallen ließen, war eigentlich nur am Sonntag frei. Und hier kam mir die Taschengeldregelung der Schule zugute. Alle Eltern sollten monatlich 50 DM mit dem Schulgeld überweisen, was den Schülern als Taschengeld ausgezahlt wurde. So hatten alle gleich viel zur Verfügung, sofern nicht noch nebenbei was geschickt wurde, so wie bei manchen. Und so konnte ich an den Sonntagen mal mit anderen Schülern im einen oder anderen Café abhängen und einen Tee oder einen Kakao trinken. Doch für einen anderen Wunsch reichte es bei mir nicht: Sonntag morgens mal eine Stunde reiten. Aber Sonderzuwendungen konnte ich vergessen.

In unserem Haus ging es recht demokratisch zu und die Jungen verstanden sich die meiste Zeit gut. Über das Fernsehprogramm wurde mehrheitlich abgestimmt, und während die Lokale der Insel alle gebrieft waren, den Schülern keinen Alkohol auszuschenken, gab es bei uns im Hause schon mal eine Flasche Bier. Verkauf und Zuteilung durch die Hauswirtin selbstverständlich.

Ich war noch immer tief traurig wegen des Verlustes meiner Mutter, die mir sehr fehlte, und sehr bedrückt wegen der abweisenden und ignoranten Haltung meines Vaters. Im Umgang mit anderen versuchte ich jedoch, mir dies nicht anmerken zu lassen. So hatte ich über die Zeit relativ normalen, wenn auch keinen engeren Kontakt zu den anderen Schülern. Ich hatte einfach keine Freude an ihren Albernheiten und Witzen. Es war wie in einer funktionellen Wohngemeinschaft, in der Toleranz und Rücksichtnahme an der Tagesordnung waren. Zusammenfassend kann ich aber sagen, dass es sich auf der Insel ganz gut leben ließ.

Und was war in den Ferien?

In den kurzen Herbstferien fuhren – anders als im Sommer – nicht alle Jungen nach Hause. Einige blieben auf der Insel und genossen die schulfreien Tage. Manche erhielten dort Besuch der Familie. Ich erhielt stattdessen einen Anruf meines Vaters, dass er und Anita geheiratet und eine gemeinsame Wohnung in der Goethestraße bezogen hätten. Und es wäre schön, wenn ich zukünftig das Tante weglassen und zu Anita nun Mutti sagen würde. Wie abwegig das für mich war, kann ich nicht beschreiben. Aber ich dachte, der weltfremde Mann steht irgendwie neben sich. Und ich sagte klar und unmissverständlich, dass dies für mich nicht in Frage käme. Tante weglassen, ja, aber ab jetzt würde ich nur noch Anita sagen. Ende des Telefonates.

Zurück zu den Herbstferien. Noch immer wollte ich mir unbedingt den Reitwunsch ermöglichen und platzierte im einzigen Lebensmittelmarkt einen Zettel, dass ich für eine Woche eine Verdienstmöglichkeit suchen würde. Schon am nächsten Tag erschien ein Mann in Zimmermannskluft bei uns im Haus und fragte nach mir. Sympathisch, mit blonden lockigen Haaren und so Mitte dreißig. Er sei Zimmermannsmeister, dessen Betrieb genau zu der Zeit einen Erker abreißen und dafür einen großen Wintergarten anbauen sollte, und der dafür einen „Hilfsarbeiter“ suchte. Bald waren wir uns einig und ich trat pünktlich an. Ich nannte ihn Dieter und wir duzten uns natürlich alle auf der Baustelle. Wir arbeiteten zu viert an dem Objekt und ich lernte in diesen acht Tagen sehr viel. Es klappte alles Hand in Hand und es machte total Spaß.

Der Verdienst ermöglichte es mir, in den kommenden Wochen mehrere Male an einem Ausritt unter Anleitung teilzunehmen. Da im Herbst kaum Feriengäste da waren, bekam ich in der ersten Stunde zunächst auf dem Reiterhof Grundkenntnisse vermittelt. Und wie auf der Anreise zur Insel überkam mich auch auf dem Rücken des Pferdes eine ganz ungewohnte Entspannung. Beim zweiten Mal ging es vom Pferdehof durch die Dünen ganz gemächlich im Schritt. Am Strand wurde dann vom Leiter der Gruppe leichter Trab vorgelegt. Und wer sich traute und sicher genug fühlte, durfte am Spülsaum des Strandes schonmal einen Galopp anreiten. Herrlich.

Unsere Schule direkt am Ende der Straße war mit drei Flügeln in Form eines Y errichtet. Der Eingang lag erhöht und es ging mehrere Stufen hinauf. Es gab ebenerdig vier oder fünf Klassenräume und Sonderräume für Physik und Chemie im Souterrain. Ich frage mich heute, ob und wie überhaupt alle Jahrgänge der Realschule, also Klassen 5 bis 10, untergebracht werden konnten. Es gab doch kein Obergeschoss? Ich erinnere mich nämlich an einen besonderen Vorfall kurz vor Weihnachten. Die Eingangshalle wurde auch als Aula genutzt und hatte eine Bühne mit Vorhang. Während hier alle Schüler versammelt waren zu einer kleinen Adventsfeier, gerieten die roten Bänder in Brand, an denen der riesige Adventskranz an der Decke hing. Binnen Sekunden stand der ganze Kranz in

Flammen und stürzte ab. Geistesgegenwärtig waren alle zur Seite gesprungen und der Direktor opferte ohne Zögern sein feierliches Sakko und schlug damit auf den brennenden Kranz am Boden ein. Ich stand auf halber Höhe auf der Treppe nach oben, an dessen Geländer ein Feuerlöscher hing. Ich riss das Gerät aus der Halterung, eilte zum Brandherd und knackte den Sicherungsstift des Ventils. Mithilfe des Pulverkegels erstickte das Feuer unverzüglich. Dann allgemeines Aufatmen, schnellstes Lüften, zu spät für Direktors Sakko. Ich erzähle dies, weil ich mich an diese Treppe genau erinnere und ganz sicher bin, dass diese ins Nichts führte. An der Decke der Aula war Ende. In viel späteren Aufnahmen habe ich das Gebäude dann aber zweigeschossig, also mit einem Obergeschoss gesehen. Sonst müsste ich mich sehr irren.

Ach ja, Weihnachten.

Zu Weihnachten wurde unser Haus geschlossen und die Wirtin fuhr zu ihrer Verwandtschaft nach Camp-Lintfort. Meinem Vater und Anita blieb nichts anderes übrig, als mich über die Feiertage bei sich aufzunehmen. Ich fuhr mit kleinem Gepäck zu der neuen Adresse nach Düsseldorf. Eine protzige Wohnung, voll mit antiken Möbeln, riesigem Sofa und schweren Sesseln. Das Esszimmer war wie im 17. Jahrhundert. Hinter den Glastüren der Vitrinen prunkten antike Gläser und silberne Accessoires und auf dem barocken Sideboard befand sich ein silbernes Tablett, auf dem eine Kaffee- und eine Teekanne standen sowie Milchkännchen und Zuckerdose. Natürlich alt und in silber. Und überall Perserteppiche. Nicht mein Ding. Im Gästezimmer stand ein antikes Bett. Dort sollte ich schlafen.

Als ich fragte, wo meine Sachen aus der Wohnung in Essen wären, holte Vater meine Gitarre aus einer Kammer und mein Kofferradio. Und dort stand noch ein Karton mit einigen Kleidungsstücken und meinem Fotoalbum mit Familienfotos. All meine gesammelten Bücher, meine Spiele, mein Mecano-Kasten und alles Weitere aus meinem Zimmer sei entsorgt worden, hörte ich dann. Ja, das Fahrrad auch. Und wo war das wunderschöne Friesische Teeschränkchen von meiner Urgroßmutter, mit den ringsum handgeschliffenen Christallscheiben, das Mutti so liebte und deshalb zum Umzug von Oma geschenkt bekam? Und nun kam zum ersten Mal die später oft angewandte Demenz-Taktik, als wenn ich fantasieren würde: „An sowas können wir uns gar nicht erinnern." Das Prunkstückchen hatte Jahrzehnte bei Oma gestanden und seit drei Jahren bei uns in Essen.

„Und gibt es auch keine anderen Erinnerungsstücke von meiner Mutter?"

Nein. Nur ihr Schmuck würde für meine Schwester verwahrt. Wo in dieser Wohnung überhaupt meine Schwester schlief, die natürlich auch über Weihnachten Ferien hatte, habe ich vergessen. Nicht vergessen habe ich die frostige Atmosphäre, nach der weiteren Diskussion über „Mutti" sagen. Und dass ich nicht allein in dieser Wohnung bleiben durfte, und ich auf keinen Fall einen Wohnungsschlüssel bekäme. So saß ich an den drei Tagen, an denen „Das Geschäft" noch geöffnet war, tödlich gelangweilt zwischen altem Schmuck und Möbeln in der Altstadt und ging immer wieder mal um den Block.

Dann gab es jäh Abwechslung. „Geh mal ein Päckchen Kochsalz kaufen. Das habe ich vergessen", sagte Anita und gab mir eine Mark. Ich lief um die Ecke ins nächste Lebensmittelgeschäft, das ich fand. Als ich nach wenigen Minuten zurückkam und das Salz und das Wechselgeld in Höhe von 11 Pfennig ablieferte, wurde Anitas Charakter vollends bloßgelegt. Ob ich wahnsinnig sei, für ein Paket Salz ein Vermögen auszugeben. „Das ist ja aus dem Reformhaus." (Das sagte mir bis dahin nichts.) „Du bringst das sofort zurück und lässt dir das Geld zurückgeben. Dann holst du ein neues Salz bei Albrecht!"

Trotz längerer Diskussion ließ der Teufel nicht locker und zwang mich zu diesem Umtausch, für den ich mich sowas von tierisch schämte. Und mein Vater ignorierte offensiv das Geschehen und war beschäftigt.

Die Feiertage toppten die Eindrücke noch. Übertrieben vermeintlich vornehmes (dummes) Verhalten bei viel zu aufwendigem Essen stand auf der Tagesordnung.

Es wurde mal eine Platte von Chopin gehört und mal ein Spaziergang im Park gemacht. Das einzige Schöne war unbestritten der Tannenbaum mit dem antiken Schmuck. Als Weihnachtsgeschenk bekam ich ein Schreibset, bestehend aus Kugelschreiber und Füllfederhalter mit schwarzem Ständer von Montblanc. Alles mit Goldeinfassung. Was sollte ich denn mit dem

Pomp? Mir wäre mit 100 DM viel mehr gedient gewesen. Da sie sonst vor Geiz fast erstickt sind, gehe ich davon aus, dass es sich um ein Geschenk für meinen Vater handelte, von Anita oder sonst wem, das er nicht wollte. Da er seine Anstellung in Essen aufgegeben hatte und seine Tage nun auch in Anitas Geschäft verbrachte, hatte er sich Beschäftigung als Freiberufler gesucht und war amtlich vereidigter Dolmetscher und Übersetzer für das Niederländische Generalkonsulat in Düsseldorf. Vielleicht hatten die ihm sowas geschenkt. Ich hatte schon vor Augen, wie ich groß rauskommen würde, wenn ich nachmittags auf Langeoog meine Schularbeiten am Esstisch im Speiseraum machen und jedes Mal dieses Prunkstück auf den Tisch stellen würde. Mein Gott, wie dilettantisch war diese Frau eigentlich?

Erleichtert, dass die weitere seelische Belastung durch diese Tage vorbei war, ließ ich mich nach Neujahr am Bahnhof Düsseldorf absetzen und nahm den Zug gen Norden. Vorsichtshalber hatte ich mein Fotoalbum und meinen „roten Transistor" im Gepäck und hatte meine Gitarre auch dabei. Sicher ist sicher!

Rücken an der Wand. Die Ausbeutung.

Über die Ostertage und die wenigen Ferientage konnte ich mit zwei anderen Schülern in der Pension bleiben. Da wollte ich wieder einige Tage bei Dieter arbeiten. Es gab aber keinen Bedarf. Der neue Dachstuhl auf einem kleinen Haus war schon fertig, und es standen nur kleinere Jobs für zwei Mann an. Aber das Dach musste jetzt gedeckt werden. So landete ich beim Dachdecker. Dort wurde ein Kuli gesucht, der häppchenweise die Dachziegel (Pfannen) die Leiter hoch schaffte. Mordsschwer und saugefährlich. Mit drei Dachziegeln auf der Schulter war nur eine Hand für die Leiter frei. Sehr hart verdientes Geld.

Aber im Sommer kam es nochmal dicke.

Kurz vor den großen Sommerferien erhielt ich einen Anruf meines Vaters, der mir mitteilte, dass ich sie im Juli für drei Wochen nicht erreichen könnte, da sie erstmalig das Geschäft schließen würden, um mit meiner Schwester eine Reise nach Süd-Frankreich zu machen. Nun hatte ich sie sowieso nie angerufen, aber es war für mich doch ein ziemlicher Schock, dass sie so völlig rücksichtslos meine Ferien ignorierten.

„Das ist doch kein Problem“, sagte mein Vater. „Schöner kann es ein Jugendlicher doch nicht haben, als die ganzen Ferien auf einer Nordseeinsel zu verbringen. Wir schicken dir 100 Mark extra, damit du etwas Spielraum hast.“

Ich erzählte unserer Pensionswirtin Frau R. gleich von dem Telefonat.

„Daraus wird nichts“, sagte sie. „Das Haus ist in den Ferien ausgebucht. Ihr müsst alle eure Sachen aus den Zimmern nehmen und mit nach Hause nehmen oder im Wirtschaftsraum einlagern.“

Als ich das meinem Vater so mitteilte, musste er sich mit Anita besprechen und rief zurück mit der Nachricht, dass das Internat für jeden Monat des Jahres bezahlt würde und ich somit Anrecht auf Kost und Logis hätte. Ich holte dann die Wirtin ans Telefon und hörte ihre Argumentation. Bei dem Schulpreis sei die Kalkulation berücksichtigt, dass alle Pensionshäuser, in denen Schülerinnen und Schüler untergebracht seien, im Sommer zusätzlich normale Pensionsgäste aufnähmen. Dann schloss sie die Tür und machte mit meinem Vater einen ganz fiesen Deal. Am nächsten Abend rief mich Vater an und bestätigte mir, dass er dem über meinen Kopf hinweg und Kraft seines Aufenthaltsbestimmungsrechts zugestimmt habe.

Frau R. hatte ihre Chance erkannt, ein kneifendes Personalproblem zu lösen. Und es kam dann wie folgt: Zusammen mit Gernot, wir nannten ihn Konni, nach Adenauer (stammte aus Bonn), der die Nordseeluft auf ärztliche Verordnung nicht verlassen durfte, zog ich in die kleine Bodenkammer mit zwei schmalen Betten über dem Wirtschaftsraum ein und verdiente während der ganzen Ferienzeit meinen Aufenthalt und meine Verpflegung durch Arbeit in der Pension. Da ich mich schon für alle Hausarbeiten inkl. Kochen bewährt hatte, arbeitete Konni unter meiner Anleitung. Kaffee aus der Maschine und Tee aus der riesigen Aluminiumkanne in Kännchen füllen, Zucker und Milch auf den Tischen kontrollieren und Honig- und Marmeladentöpfchen füllen. Eier kochen nicht vergessen. Wir bedienten und servierten ab 8.00 Uhr im Frühstücksraum, der im Sommer im Wintergarten war, für zwölf Gäste. Danach räumten wir ab, machten den Raum sauber und räumten das Geschirr in die Spülmaschine. Dann kümmerten wir uns schon um die Vorbereitung des Mittagessens, wie z.B. Kartoffeln schälen und Gemüse putzen, Fleisch vorbereiten und anbraten, Nachspeisen wie Pudding kochen und kalt stellen usw. Es war dann höchste Zeit, die Spülmaschine auszuräumen und die Tische zu decken. Gläser und kalte Wasserflaschen nicht vergessen. Und dann um 12.30 Uhr wieder servieren. Nach dem Essen wieder alles abräumen, selbst etwas essen, Spülmaschine wieder starten. Die übrigen Teile wie Töpfe etc. von Hand spülen. An guten Tagen hatten wir ab 13.30 Uhr Freizeit und konnten zum Strand oder ins Dorf. Um 16.00 Uhr wurden dann Aufschnitt, Käse und Brot an der Schneidemaschine vorbereitet und auf Platten angerichtet. Meist wurden zum Abendbrot noch kleine Ergänzungen serviert, wie Rührei oder Pfannkuchen. Wieder Getränke wie Kaffee und Tee bereitstellen und Kaltgetränke auf Nachfrage vorhalten. Abräumen, Spülmaschine erneut anwerfen, Raum und Tische sauber machen und aufdecken für das Frühstück, Vorbereitungen treffen für den Morgen, damit zum Servieren des Frühstücks alles bereitstand. Am Ende tranken wir ein oder zwei Bierchen und gingen völlig platt zu Bett. Um 6.45 Uhr war wieder Wecken. Und im Fernsehzimmer durften ohnehin nur die Wirtin und die Gäste sitzen.

Ganze sechs Wochen lang sieben Tage die Woche rackerten wir uns ab, ohne Entgelt, nur für Kost und Logis. Wir konnten noch von Glück sagen, dass in dieser Zeit eine Freundin unserer Wirtin aus Bochum anreiste zur Aushilfe und sich um die Zimmer und die Wäsche kümmerte und Haus und Sanitärräume putzte. Aber ich fühlte mich komplett ausgenutzt und der Bogen für Rebellion war vorgespannt.

Da musste ich nochmal umziehen

Nachdem nach Ferienende alle Schüler ihre Betten auf den Pensionszimmern wieder eingenommen hatten, hatte uns der Schulalltag wieder. Ohne erwähnenswerte Vorkommnisse gingen die wenigen Wochen wie im Fluge vorbei, bis die kurzen Herbstferien wieder begannen. Da der Verbleib der Schüler in den Häusern in dieser Zeit ja kein Problem darstellte, beschloss ich, nicht zu arbeiten. Auch eine Hand voll Insulanerinnen und Insulaner besuchten unsere Internatsschule. Also Schülerinnen und Schüler, die fest auf der Insel lebten. Als ich davon hörte, dass einige von ihnen eine Musikgruppe gründen wollten, habe ich mich gegen meine Traurigkeit aufgebäumt und mich dort gemeldet. Was ich anbieten konnte, war Gitarre, die ich hatte, oder Schlagzeug, was ich nicht hatte, aber ganz brauchbar konnte. Passte gut. Der schon erwachsene Bruder eines Mitschülers besorgte ein Schlagzeugset. Der Kleinere spielte gut Akkordeon und der Große Bass. Ein anderer Gitarrenspieler rundete die „Band“ ab, soweit ich noch weiß. Wir übten dann jeden Tag zweimal in einem Laden oder Werkstattschuppen. Und da riss bei mir etwas auf und es machte sogar Spaß. Und ich lachte zum ersten Mal seit Mutters Tod. Auch wenn das Meiste zuerst sehr wenig Anlass dazu gab. Dazwischen trafen wir uns im Dorf zum Tee oder liefen eine Tour am Strand. Und zu den Mahlzeiten musste ich ja in die Pension. Zum Ende dieser Herbstferien gab es auf der Insel irgendeine Festivität in der Strandhalle. Und Frau

R. hatte einen ihrer früheren Lieblingsschüler dazu eingeladen. Und da aus unserem Zimmer zwei Schüler in den Ferien nach Hause gefahren waren, hatte sie dem „Langeoog-Veteranen“ ein Bett in unserem Zimmer angeboten. Am frühen Abend hatte sie ihn mir vorgestellt, und er stellte sein Gepäck in unser Zimmer. Meine Mutter hatte mich zu Toleranz und Vermeidung von Vorurteilen erzogen. Aber sein dilettantischer, angeberischer Auftritt wie Graf Koks, seine übertriebene Grinsebacke und die fehlende Größe trotz seiner Länge, machten es mir sehr schwer.

Gegen 1.30 Uhr in der Nacht flog jäh die Zimmertür auf und knallte an die Wand. Schwer torkelnd und Halt suchend an dem aus Reichweite geratenen Türblatt stolperte der blonde Lulatsch auf sein Bett zu, schlug geistesgegenwärtig die Bettdecke zurück und … kotzte den vollen Bogen rein. Darauf machte er sich untenherum komplett frei und setzte sich auf den Rand unseres Waschbeckens, wo er in und neben das Becken laufen ließ, was er vorn und hinten zu bieten hatte. Ich hatte umgehend bei Frau R. geklopft und sicher sehr aufgeregt Bericht erstattet.

„Der wird sich schon gleich hinlegen, das machen wir morgen alles weg.“

„Es stinkt wie in der Hölle“, sagte ich, „Keine Sekunde bleibe ich mehr in diesem Zimmer. Es sind noch Betten von Feriengänger frei. Ich bestehe darauf, dass Sie mir sofort ein Bettlaken aufziehen. Kissen und Bettdecke nehme ich mit.“

Und nun schrien wir uns fortissimo so lange an, bis ich drohte, der Schulleitung zu berichten. Dann bekam ich ein Laken und konnte mir ein Bett suchen. „Aber in den nächsten Tagen ziehst du hier aus! Nicht du, sondern ich spreche morgen mit der Schulleitung!“, rief sie noch.

Mein Zimmergenosse wollte natürlich auch aus dem Zimmer raus. Was auch klappte. Es ging gar nicht anders. Mit Hilfe einer externen Reinigungskraft, die sonst auch aushalf, wurde dann am nächsten Tag alles gerichtet. Aber der geschrubbte Teppichboden stank noch ordentlich weiter. Ich habe das aber nur noch wenige Tage erleiden müssen. Ein oder zwei Tage vor Ende der Herbstferien erschien der Direktor, ein echter Friese aus dem Jeverland, zum Gespräch bei Frau R. Anschließend sprach er mit mir unter vier Augen. Ich schilderte ihm die Vorkommnisse aus meiner Sicht und bestritt, dass ich Frau R. beleidigt hätte.

„Nützt ja nichts“, meinte er. „Das Tau ist durch. Ich such dir was anderes.“

Und am ersten Tag wieder in der Schule gab er mir einen Zettel mit Namen und Anschrift eines anderen Vertragshauses. „Stell dich da mal vor. Heute um 17.00 Uhr. Die wissen Bescheid. Und dein Vater auch.“

So erschien ich pünktlich, gekämmt und mit frischem Hemd bei den Wirtsleuten. Es war das kleinste Haus unter Schulvertrag, mit nur sechs Schülern. Direkt unter dem berühmten Langeooger Wasserturm lag es als erstes Einfamilienhaus in der Häuserreihe, die in halber Höhe am Dünenhang gebaut war. Näher zum Strand war nicht möglich. Das Ehepaar W. lebte dort mit zwei Kindern im größeren Teil des Erdgeschosses. Ein Zimmer im Erdgeschoss diente als Esszimmer und Aufenthaltsraum der Schüler und im Obergeschoss gab es für diese drei Zimmer. Ein Einzel-, ein Doppel- und ein Dreierzimmer. Und Dusche und zwei WCs. Und nun die Überraschung. Zu meiner Verblüffung kannte ich den Ehemann. Es war Dieter, der Zimmermann, mit dem ich gearbeitet hatte und mit dem ich mich duzte. In das Dreierzimmer könnten sie noch gut ein viertes Bett stellen. Ich konnte es mir ansehen und war sehr angetan von dem kleinen Haus. Wenn ich es auch möchte, wären sie einverstanden. Nur noch kurz die anderen Jungs zusammenholen und diese fragen, ob sie es sich auch mit dir vorstellen können. Ja, konnten sie. So packte ich schon am nächsten Tag meine Sachen und zog als siebter Schüler in diese kleine Gemeinschaft ein. Und das war in jeder Hinsicht ein absoluter Gewinn. Das Schlechteste für mich war das hervorragende und üppige Essen, das für uns und die Familie gleich war und das Frau W. täglich komplett frisch zubereitete. Die persönliche Zuwendung der beiden Wirtsleute war so umsorgend und familiär, dass ich dort einen großen Teil meines Seelenschmerzes verarbeiten konnte und einen Weg zur inneren Ruhe fand.

Dann fuhr ich mal nach Hamburg

Meine besten Schulnoten hatte ich immer in Physik, Chemie und Mathe. Da ich mich total für Motoren und Maschinen interessierte, wollte ich eigentlich Abitur machen und Maschinenbau studieren. Anita und mein Vater hatten mir aber schon ganz klar mitgeteilt, dass nach der Mittelschule keine weiteren Gelder für Schule fließen würden und ich mal schnellstmöglich eine Berufsausbildung absolvieren müsse. So beschloss ich, nach der Mittelschule eine Lehre zum KFZ-Mechaniker zu machen und dann über den zweiten Bildungsweg mittels entsprechender Fachhochschule ein Abendstudium zum Maschinenbauingenieur anzuschließen. Das fanden Anita und mein Vater aber völlig inakzeptabel. Ich weiß nicht, wie sie darauf kamen, aber in ihrer Ignoranz plapperten sie dann Dinge wie: „Du willst doch nicht an der Tankstelle arbeiten?“ Und das haben sie dann auch auf ihre Weise geregelt. In einem kurzen Anruf verkündete mein Vater, dass er ein Vorstellungsgespräch für mich vereinbart hätte bei der Firma Röntgenmüller in Hamburg, mit der seine Firma in Geschäftsbeziehung stünde. Die gehöre zum Philips-Konzern und wäre bereit, mir in Hamburg einen Ausbildungsplatz anzubieten als Elektromechaniker Fachrichtung Elektronik. Er habe einen Brief für mich erhalten mit einer Einladung zum Gespräch, den er schon an mich weitergeschickt habe. Zunächst schäumte es in mir auf. Was für eine Anmaßung, wieder einmal einfach über mein Leben zu verfügen. Und was soll ich in Hamburg? Aber die Diskussion am Telefon endete mit dem Hinweis, wenn ich etwas anderes möchte, gäbe es keinerlei finanzielle Zuwendungen mehr. Ich würde ja demnächst 18 und basta! Zwei Tage später erhielt ich dann den Brief.

Wissend, dass ich von Langeoog anreise, hatte man für die Nächte vor und nach dem Termin netterweise ein Zimmer in einer Pension gebucht im Mittelweg, nahe des Dammtor Bahnhofs. Und Ende November ging es schon los. Mit frischem Oberhemd und zwei Satz Unterwäsche in meiner Aktentasche nahm ich die Inselbahn, die Fähre, die Kleinbahn von Bensersiel nach Esens, den Zug von Esens nach Norden, dann mit Umsteigen in Emden und in Bremen, den Zug über Hamburg Hauptbahnhof nach Hamburg Dammtor. Eine Fahrt, die mich wieder sehr aufgewühlt hat und an die ich mich gut erinnere.

Als ich am Nachmittag die Pension in einer steinalten, aber gepflegten Stadtvilla erreichte, war ich zu aufgepeitscht, um mich auszuruhen. So lief ich nach näherem Studium meines Stadtplans über Dammtor, Gänsemarkt und Jungfernstieg zum Rathaus und verschaffte mir einen ersten Eindruck von der Stadt, in der ich möglicherweise ab April des nächsten Jahres leben würde. An einem Imbiss aß und trank ich eine Kleinigkeit. Da es inzwischen längst dunkel war und nun die Müdigkeit mich überfiel, ging ich zurück in die Pension und legte mich hin. Nach der Dusche am Morgen stellte ich fest, dass es hier kein Frühstück gab. So nahm ich ein Brötchen und einen Kaffee im

Bahnhof. Mein Gespräch war am späteren Vormittag anberaumt und ich musste zur Alexanderstraße, querab von der Steinstraße. Es schien mir nach Kartenlage sinnvoll, vom Stephansplatz die U-Bahn bis Lohmühlenstraße zu nehmen. Das Gespräch mit dem Personalleiter war sehr entspannt und erfolgreich. Im Ausstellungsraum erhielt ich einen Überblick über die Vielzahl verschiedenster Röntgengeräte und Anlagen und erfuhr, dass die Ausbildung in verschiedenen Betrieben des Philips-Konzerns absolviert würde. Den schon vorbereiteten Ausbildungsvertrag konnte ich sofort unterschreiben. Meinem Vater würde der Vertrag dann zur Unterschrift zugeschickt. Da ich den Rest des Tages zur freien Verfügung hatte, lief ich anschließend den Steindamm hinunter in Richtung Hauptbahnhof. Eine sehr skurrile Gegend für einen Siebzehnjährigen. Hier war zwar wenig Betrieb so am Tage, aber es reihten sich Kneipen, Billardbars, Spielsalons, Peepshow-Buden und kleine Hotels aneinander.

Als ich mit meinem Aktenkoffer hier nun so langsam und interessiert entlanglief, schlenderte eine junge Dame auf mich zu mit knielangen Lackstiefeln, nackten Oberschenkeln und für November viel zu kurzem Ledermäntelchen und stellte sich mir direkt in den Weg. „Na Süßer, wollen wir zwei denn mal ein Bisschen Spaß haben?“

Nach zwei Schrecksekunden stammelte ich raus: „N... n... nein, danke, ich habe noch einen Termin.“ Ohne eine Reaktion abzuwarten legte ich eine schnellere Gangart ein, um nicht wieder den Eindruck zu erwecken, dass ich Zeit haben könnte, und hörte noch, wie sie mir etwas nachrief wie: „Verzieh Dich!“

Irgendwie landete ich dann am Hansaplatz. Inzwischen hatte ich einen sehr trockenen Hals. Hier schien es mir bürgerlicher, und so beschloss ich, auf ein Entspannungsbierchen in die gemütlich anmutende kleine Kneipe hier links zu gehen. Es ging einige Stufen hinab und die Eingangstür quietschte grausam. Nur drei oder vier Tische und ein kleiner Tresen mit drei Hockern erwarteten mich. An einem Tisch saßen vier Frauen, deren Geschnatter verstummte, als ich meinen Mantel an den Garderobenhaken hängte, meine Aktentasche mit an einen der Barhocker nahm und mich setzte. Der Mann hinter dem Tresen, mit seinen glatt nach hinten gekämmten, schwarzen öligen Haaren und großen Zähnen sah aus wie Don Camillo ohne Hütchen. Er stand wie versteinert da und sah mich grimmig, wortlos, aber erwartungsvoll an.

„Ein Pils bitte“, sagte ich kleinlaut, denn ich hatte plötzlich nasse Achselhöhlen und ein sehr beklemmendes Gefühl. Ich fragte mich: Habe ich was falsch gemacht? Der Wirt entspannte aber sein Gesicht, bewegte sich wieder und sagte „Das‘n Wort, geiht sofort los!“ Und wie auf Fingerschnipp setzten die Grazien am Tisch ihr angeregtes Pläuschchen fort. Als ich wenige Minuten später mein Bier bekam, zahlte ich sofort, trank es mit einem Zug halb aus und ging mit dem Mantel in der Hand nach draußen.

„Tschüss so lang!“ erwiderte der Wirt mein „Widersehen“. Ja, es war mir nicht bekannt, dass ich hier im

„Milieu“ von St. Georg war. Aber den Reaktionen nach hatten die in der Kneipe wohl ganz jemand anderes erwartet. Um den Tag auszunutzen, lief ich dann durch den Hauptbahnhof und die Innenstadt zurück zum Mittelweg. Unterwegs kaufte ich mir belegte Brötchen und trank bei Tchibo für damals 30 Pfennig eine Tasse Kaffee. Es war nur ein minimaler Blick auf die Stadt, in der ich ab nächsten April wohnen würde. Aber immerhin sah ich auch schöne Stellen, wie Mönckebergstraße, Rathausplatz, Jungfernstieg und Alster.

Die Rückreise nach Langeoog am nächsten Tag war wieder lang, und ich hatte Muße, meine Gedanken zu sortieren und die neuen Eindrücke zu verarbeiten.

Ach, ist schon wieder Weihnachten?

Die nächsten Wochen vergingen wie im Flug. Da die Dorf- und Strandspaziergänge bei der Winterkälte seltener und kürzer wurden und ich jederzeit von zu Hause knappgehalten wurde und Geld benötigte, nahm ich die Aufgabe an, einem Mitschüler unseres Hauses Nachhilfeunterricht in Englisch zu geben. Er war eine Klasse unter mir und stand mit seiner Note schlecht da.

Ich war in Englisch gut, und ich hatte Ausdauer und Geduld. Und Einfühlungsvermögen war nötig, denn der Junge stotterte ganz erheblich. Da konnte ich vielleicht profitieren von der Lektüre meines Buches über Psychologie. Und ich profitierte von 10 DM pro Stunde, die die Eltern des Jungen bereit waren, mir zu bezahlen. Nicht schlecht für 1964. Zwei Mal in der Woche zogen wir uns je anderthalb Stunden in den Aufenthaltsraum zurück, zunächst vereinbart bis zu den Weihnachtsferien. Es stellte sich laut Englischlehrer eine spürbare Verbesserung ein. Aber auch die Sprache des Jungen, der zu mir großes Vertrauen entwickelt hatte, besserte sich. Bevor er in die Weihnachtsferien fuhr, fragten mich seine Eltern, ob wir im neuen Jahr noch einige Wochen anhängen könnten, vorbereitend auf das Osterzeugnis. Ich sagte das zu. Aber im Hinblick auf meinen eigenen Abschluss nur noch einmal in der Woche.

Und so kam Weihnachten schnell. Die Schülerhäuser wurden über Weihnachten alle wieder geschlossen. Auch meine Wirtseltern planten, die Festtage mit ihren

Kindern und der ganzen Familie zu verbringen. Zähneknirschend mussten Anita und mein Vater akzeptieren, dass ich für einige Tage in Düsseldorf auflief.

Als die Fähre in Bensersiel festgemacht hatte, wurden viele der Kinder dort schon von ihren winkenden Eltern erwartet, die sie dort mit dem Auto abholten. Und ein tiefer Schmerz brannte wieder in meiner Seele, als ich zusah, wie sich alle bei der Begrüßung küssten und in die Arme nahmen. Und mir war klar, wie sehr ich körperliche Nähe nach dem Tod meiner Mutter vermisste und dass ich so etwas wohl nie wieder erleben könnte. Mein Vater hatte mich schon vordem nie in den Arm genommen, geschweige denn geküsst. Maximal hat er mir mal über den Kopf gestrichen. Und auch von meiner Schwester, selbst als Baby oder Kleinkind, kann ich mich nicht erinnern, dass ich sie mal auf seinem Arm gesehen hätte. Körpernähe hatte sie nur mit Mutti und mir. In Düsseldorf angekommen sollte ich ein Taxi nehmen, so die Anweisung. Man hatte inzwischen sowohl ein neues Geschäft als auch eine neue Wohnung bezogen. „Du kommst dann zum Geschäft. Die neue Postadresse lautete Königsallee Nr. ??" Tatsächlich lag das Geschäft um die Ecke in der Shadowstraße. Aber das machte natürlich nicht so viel her. Hier handelten sie nur noch mit antikem Schmuck und Silber. Das große Geschäft und der Handel mit antiken Möbeln war ihnen zu mühsam geworden. In dem kleinen Laden führte eine steile Treppe zu einer Art Empore hinauf. Dort gab es ein mini-Spülbecken mit Kaffeemaschine, einen Schreibtisch, zwei Stühle und – hinter einer leichten Falttür – ein WC. Hier oben hielten wir uns zu dritt auf, solange kein Kunde eintrat, und ödeten uns an.

Am Abend fuhren wir dann in die neue Wohnung in der Hallbergstraße. Es gab nur ein großes Wohnzimmer und ein Schlafzimmer. Vom Wohnzimmer aus führte eine Treppe hinauf. Dort hatten sie einen Dachboden zur Küche ausgebaut und ein Minizimmer für meine Schwester eingerichtet.

„Du schläfst unten", sagte Anita. „Da haben wir noch eine kleine Wohnung mit Terrasse, damit wir den Garten nutzen können."

So richtete ich mich dort ein und war ganz froh, bei Bedarf aus der Schusslinie zu sein.

Es waren noch einige Tage bis Heiligabend, der auf einen Donnerstag fiel, und das Geschäft war so lange noch geöffnet. So freute ich mich über gelegentliche Botengänge, vornehmlich am Donnerstagvormittag, um die bestellten Frischwaren für die Feiertage abzuholen. Mittags hockten wir dann wieder zusammen in der „Loge" und bereiteten uns darauf vor, zu schließen und meine Schwester abzuholen. Da trat zehn Minuten vor Ladenschluss ein Herr ein, der wohl als Kunde bekannt war und von meinem heruntereilenden Vater mit Namen begrüßt wurde. Ein prominenter Name, den man nicht nur in Düsseldorf mit Soda oder Chemie verband.

„Ich brauch noch dringend ein Weihnachtsgeschenk für meine Frau", sagte er. „Haben Sie nicht was Schönes?"

„Und ob“, sagte mein Vater und zeigte ihm ein antikes Collier und nannte den Preis.

„Und machen Sie fünf Minuten vor Schluss an Heiligabend nicht einen Sonderpreis?“

Und nun verblüffte mich mein Vater aufs Höchste mit seiner Antwort, die eigentlich völlig konträr war zu seinem unterordnenden Naturell. „Doch, ja“, sagte er, „seit 13.30 Uhr nehmen wir auf alles einen Aufschlag von 10 Prozent.“

Drei Sekunden war Stille. Dann begannen beide zu lachen und der Kunde sagte: „O.K., Sie haben Recht. Packen Sie es mir dann schön ein.“

Da hatte mein Vater aber in kürzester Zeit verdammt viel von der Schlitzohrigkeit und Chuzpe seiner Frau angenommen.

Dann holte Vater das Auto aus der nahen Tiefgarage und parkte es ordnungswidrig vor dem Geschäft. Als alle Taschen und Kartons eingeladen waren, holten wir meine Schwester von den Nonnen ab, die längst im Heiligabendmodus waren und schon nervös gewartet hatten.

Trotz der großen Freude, mal wieder einige Tage mit meiner inzwischen neun Jahre alten Schwester zu verbringen, waren die Feiertage ein einziger Krampf. Es war eine mondäne Darbietung der Dummheit, eine überzogene Show aus Darstellung des Reichtums, Überheblichkeit, Anmaßungen und versuchter Demütigung. Meine Schwester erhielt verschiedene Geschenke und auch mein Vater. Ich erinnere mich an eine sehr gute Konzertgitarre, obwohl er gar nicht mehr spielte, und an einen Seifentopf für Rasierschaum aus massivem Gold. Echt irre. Ich bekam einen Scheck über 150 DM. Es wäre ihnen nichts für mich eingefallen. Immerhin besser, als wieder ein goldener Füller.

Das einzig Schöne war für mich wieder der wirklich prächtige Weihnachtsbaum mit ganz altem Schmuck aus Holz- und Silberanhängern. Als ich meinen kleinen Fotoapparat auf den Baum richtete, konnte Anita ihre Erwartungen an mich nicht verbergen. „Auf keinen Fall wirst du den Baum oder irgendwas dieser Wohnung fotografieren. Wer weiß, wem deiner Freunde du das zeigst, dem es Anreiz gibt, hier einzubrechen!“

Jetzt musste ich das „Zuhause" loslassen

Als ich mich durch die Feiertage hindurchgequält hatte und wieder im Zug Richtung Nordsee fuhr, ließ ich alles Geschehene seit Muttis Tod nochmal Revue passieren, aktuell abgerundet durch die letzten Tage. Trotz all seines Versagens als Vater und seiner Kälte hatte ich noch immer die Hoffnung behalten, dass sich nach Ablauf einer Schmerzenszeit zwischen uns wieder eine gewisse Nähe einstellen würde. Jetzt wusste ich, das war falsch. Es würde immer ein Riesenabstand bestehen bleiben, solange der Einfluss von Anita bestünde. Und da war offensichtlich kein Ende abzusehen. Was auch immer in der Welt er an dieser Frau mochte. Ich müsste alles loslassen und versuchen, mir ein eigenes Leben neu aufzubauen.

„Ist hier noch frei?", wurde ich jäh aus meinen Gedanken gerissen. In der Abteiltür stand eine große junge Frau mit kleinem Handgepäck, die wohl in Osnabrück zugestiegen war.

„Ja, bitte, wie man sieht", sagte ich kess, aber freundlich. Sie legte den kleinen Koffer ins Gepäcknetz und zog ihren schwarzen pelzgefütterten Ledermantel aus. Nun erst sah ich auch ihre traumhaften Maße. Sie nahm mir gegenüber am Fenster Platz und legte den Mantel neben sich. Sie lächelte mich an und ihre hellbraunen großen Augen wurden umrahmt von einer etwas zu großen Brille mit sehr dünnem schwarzen Metallgestell. Dazu trug sie die schwarzen Locken als pfiffigen Kurzhaarschnitt. Ihre Füße steckten in schwarzen, glänzenden Stiefeletten mit umgeschlagenem Fellrand. Von den Fersen bis zu dem kleinen Stehkragen war sie mit einem Lurexanzug bekleidet, so einem elastischen Stoff mit eingewebten Silberfaden, der keinen Platz für meine Fantasie ließ, da er gnadenlos alle Körperdetails abbildete. Das Adrenalin nahm mir die Luft und ich fühlte, dass es mir das Blut nicht nur in die heißen Ohren trieb.

„Entschuldigen Sie, ich geh mal rauchen", sagte ich und ging hinaus auf den Gang. Kaum hatte ich die Zigarette angezündet, stand sie neben mir mit einer Zigarette zwischen den Fingern, mit der sie vor meinem Gesicht herumwedelte. „Hast du mal Feuer? Ich dachte, im Abteil sei *Raucher*", hörte ich ihre weiche aber tiefe Stimme.

„Ja", sagte ich nur, „aber ich wollte mal stehen."

„Gute Idee", sagte sie und erzählte mir, dass sie seit ihrem Abitur vor knapp einem Jahr in London angestellt sei als Au Pair und von Bremen wieder rüber flöge. Nach der Zigarette setzten wir uns wieder rein und auch ich nannte mein Reiseziel und erzählte, dass ich noch Schüler sei. Und was ich natürlich nicht sagte, sie hatte mein Gefühlskoma durchbrochen und ich fand sie sehr begehrenswert. Bis Bremen war es nicht mehr lange. Galant half ich ihr in den Mantel und reichte ihr den kleinen Koffer herunter. Als sie gegangen war, hinterließ ihr Parfum einen feinen Hauch von Vanilleduft. Ich brauchte noch einige Zeit, um wieder auf Normaltemperatur zu kommen. Und ich registrierte schon bewusst, ich konnte zumindest heute wieder etwas fühlen..

Zum Schluss noch großzügig beschenkt

Die letzten drei Monate auf der Insel waren für mich die Schönsten. Bei Dieter und seiner Frau ging es mir gut und ich hatte besondere Freiheiten.

„Ich kann ja einem fast 18 Jahre alten Jungen nicht vorschreiben, wo er sich aufhalten soll und was er zu tun hat", sagte Dieter eines Abends zu mir, als ich um Ausgang bis 21.30 Uhr bat, um mit der Band zu üben. Es war üblich, dass um 20.00 Uhr alle an Bord sein mussten und gegen 22.00 Uhr der Gang ins Bett locker eingeläutet wurde. Und fortan war ich im Prinzip „Freigänger".

„Mach nur nichts, was ich vor der Schulleitung nicht rechtfertigen könnte", sagte er noch.

Und so saß ich gelegentlich mal auf ein Bierchen bei Schlappohr, wie wir den französischen Wirt einer ganz kleinen Pinte nannten, einen Steinwurf von meiner Unterkunft entfernt. Ein kleiner zarter sympathischer Mann mit sehr großen Ohren.

Die Schulleitung hatte die Eltern der Abgänger angeschrieben und zur Abschlussfeier am letzten Schultag eingeladen. Es sollte im Saal eines größeren Cafés stattfinden, dessen Name ich vergessen habe. Dass Anita und mein Vater sich ein Hotelzimmer buchten und tatsächlich dort aufliefen, ohne meine vorherige Kenntnis, ist mir bis heute ein Rätsel. Aber sie hatten sich ganz sicher etwas ganz anderes davon versprochen. Nach einer kurzen Ansprache des Direktors wurde der Tanz freigegeben. Essen und Trinken musste am Tisch selbst bestellt werden und ich saß drei Viertel des Abends auf dem Podium am Schlagzeug als Mitglied der „Kapelle“. Stinköde für die beiden. Als gegen 23.00 Uhr der Zauber vorbei war, waren sie schon längst ins Hotel gegangen. Als wir uns am nächsten Morgen wie vereinbart an der Inselbahn trafen, sprachen sie kaum mit mir. Um meinen großen Koffer, die Reisetasche und die Gitarre kümmerte ich mich allein. Auf der Fähre und im Auto auf der Fahrt nach Düsseldorf änderte sich das auch nicht.

Diesmal schlief ich, warum auch immer, in der kleinen Kammer im Dachboden, und in der leeren Erdgeschosswohnung wurden mein Koffer und die Reisetasche geleert. Alles Nötige für Hamburg wurde neu in den Koffer gestopft und von Anita vorgegeben. Der Clou waren ein alter rostfarbener Anzug, eine graue Hose und ein dunkelblaues Sakko meines Vaters. „Das sind sehr teure Sachen“, sagte der Teufel. „Damit gehst du in Hamburg zur Änderungsschneiderei und lässt sie für dich anpassen.“

Für mich waren das sehr trutschige Dinger für alte Leute. Aber ich wusste, dass mich jede Diskussion nur Nerven kosten und zu keinem Erfolg führen würde. Und es gab noch zwei Paar der „allerbesten Schuhe der Welt“. Schon bequem ausgetreten von Vater und an den Absätzen außen abgelatscht. In Größe 46. Also eine halbe Nummer zu klein für mich.

„Na das wird ja wohl gehen“, erwiderte meine liebe Stiefmutter meinen Einwand. Was hatte ich für ein Glück, dass es einige Satz Unterwäsche in neu gab und einen Stapel noch verpackte Nyltest-Hemden. Aber zurück zu den Wurzeln. „Vater schenkt dir noch diese ganzen schönen Krawatten.“ (!!?) Ich komme hierauf gleich noch zurück.

Jetzt mag der Leser mich für einen ausgemachten Spinner halten, aber ich erzähle es trotzdem.

„In dem Kulturbeutel ist alles, was du brauchst. Und die zwei gelben Zahnbürsten mit Kordel zum Aufhängen habe ich frisch ausgekocht.“

Es verschlug mir einfach die Sprache. War das jemand mit Kultur?

Nun war ich wohl auf mich gestellt

Schon am nächsten Tag fuhr mich mein Vater zum Hauptbahnhof Düsseldorf. Da man dort so schlecht parken konnte, hielt er nahe beim Eingang nur kurz an und reichte mir die Gitarre aus dem Kofferraum. Ich hievte den Koffer heraus und die Reisetasche. Kurzes Umarmen mit Rückenklopfen, das wars. Die Gitarre und die Reisetasche links, den Koffer rechts, schleppte ich mich zum Kartenschalter. Den gab es damals noch. Das von Anita telefonisch erfragte Fahrgeld hatte ich fast passend in der Jackentasche meines zu großen Inspektor-Columbo-Mantels, den ich auch geerbt hatte. Mit Ticket brachte ich meine Bagage an den Bahnsteig und fühlte mich wie ein Heimatvertriebener. Im Zug fand ich Platz in einem Abteil mit einem jüngeren Paar. Als ich es nicht schaffte, den Koffer ausreichend hoch zu stemmen, um ihn ins Gepäcknetz zu schieben, half mir der junge Mann spontan. Der Koffer war trümmerschwer und pressvoll. Zu den Neuerrungenschaften kamen noch Alltagskleidung, die ich schon auf Langeoog trug, sowie eine warme Winterjacke, Schal und Handschuhe, ein wetterfester Parka, Ersatz-Jeans (eine hatte ich an), Freizeitschuhe (heute Sneakers genannt), x Paar Socken und einiges mehr. In der Reisetasche hatte ich mein rotes Radio, mehrere Handtücher, Bademantel und Kulturbeutel etc. Zum Abschied hatte ich von Anita 200 DM bekommen, die „fürs Erste reichen sollten“. Ende April bekäme ich ja mein erstes Lehrlingsgehalt. Also: Die Ausbildungsvergütung betrug im ersten Lehrjahr monatlich 95 DM, im zweiten Lehrjahr 115 DM, im dritten (ja doch!) Ausbildungsjahr 140 und im letzten Jahr 165 DM. Die reguläre Lehrzeit betrug dreieinhalb Jahre. Außer der Miete für ein möbliertes Zimmer sollte ich keine Zuwendungen erhalten und mit der Ausbildungsvergütung auskommen. Natürlich unmöglich.

Von Anita hatte ich die Adresse von einem katholischen Studentenwohnheim in der Sedanstraße bekommen, abgehend von der Grindelallee, nahe der Grindel-Hochhäuser. Dort sei ich angemeldet und könne dort bleiben, bis ich ein möbliertes Zimmer gefunden hätte. Wie um alles in der Welt sie es geschafft hat, mich nun wieder in einer katholischen Einrichtung unterzubringen, und das obwohl ich kein Student war, wird sich mir nie erschließen. Aber die These ist ja nicht unbekannt, dass der Teufel manchmal mit dem lieben Gott einen Deal macht.

Im Zug studierte ich nochmal meinen Stadtplan mit Übersichtsplan des ÖPNV. Am Dammtorbahnhof stieg ich also aus und nahm die Straßenbahn bis zum Grindel und schleppte Sack und Pack zu der angegebenen Adresse. In dem großen, gelb oder bräunlich geklinkerten Gebäude wurde mir ein Platz in einem Zweibettraum zugewiesen, der im Keller oder Souterrain lag, mit nur einem ganz winzigen, hoch liegenden Fensterband. Über eine Terrazzo-Steintreppe ging es hinab und der Kellergang war mit defekten dunklen Fußbodenplatten aus Steinzeug ausgelegt. An der Decke liefen zahllose dicke Rohrleitungen entlang und es roch äußerst muffig. Ich fühlte mich wie im Bunker. Der hier wohnende ältere Student war offensichtlich auch nicht sehr erfreut über den Zuwachs in seinem Zimmer und sprach kaum. Im Kellergang stand direkt vor unserem Zimmer ein Getränkeautomat, aus dem die halbe Nacht über Flaschen polterten für den studentischen Nachschub des Hauses. Die sanitären Einrichtungen müssen wohl derart scheußlich gewesen sein, dass meine Erinnerung daran gelöscht wurde. Alles wollte ich daransetzen, hier so schnell wie möglich herauszukommen und ein möbliertes Zimmer zu finden.

Aber schon morgen, am Donnerstag, dem 1. April, würde meine Ausbildung beginnen. Für den Start der Suche peilte ich deshalb das Wochenende an. Und auf Nachfragen nach dem besten Prozedere rieten mir alle, am Samstag morgens um 7 Uhr das Hamburger Abendblatt zu kaufen, alle in Frage kommenden Angebote zu markieren und umgehend mit reichlich Groschen in der Tasche die nächste Telefonzelle zu besetzen.

Am Donnerstag und Freitag musste ich in das Philips-Haus in die Mönckebergstraße. Hier war die Alldephi (Allgemeine Deutsche Philips) ansässig, die Dachgesellschaft der Philips-Betriebe in Deutschland, Es fand ein Einführungskurs statt über Konzernstruktur und Organisation, an dem die neuen Lehrlinge aller zum Philips-Konzern gehörenden Firmen in Hamburg und Umgebung zusammen teilnahmen. Dazu zählte auch meine Lehrfirma C.H.F. Müller GmbH

(Röntgenmüller). Ab Montag begann dann die sechsmonatige sogenannte Mechanische Ausbildung. Feilen, Bohren, Fräsen, Drehen und z.B. Werkstoffkunde. Dazu musste ich in die Lehrwerkstatt in der Jenfelder Straße. Ab dem zweiten Halbjahr war ich für die Service-Zentrale in der Ahrensburger Straße vorgesehen. Es war also geboten, eine Bleibe in diesem Dunstkreis zu finden. Montags war Berufsschule in Altona. Das lag ohnehin entgegengesetzt und war ein extra Weg. Aber um schnell aus dem Keller und aus dem entfernten Stadtteil zu kommen, hatte ich für meine Ansprüche die Latte nicht hochgelegt. Ab Samstag fuhr ich schon einige Adressen ab, auch Büros von Maklern, die aber meist Geld wollten, bevor sie ihre Kontakte preisgaben. Das kam für mich nicht in Frage. So sah ich mir aufgrund von Privatanzeigen schon sehr viele östliche Ecken Hamburgs an, fuhr von Pontius zu Pilatus und gab ein Vermögen für U- und S-Bahn sowie Bus aus. Eine Monatskarte für April konnte ich noch nicht abonnieren. Die würde nach Fahrzonen ausgegeben. Aber dazu musste ich zuerst meinen zukünftigen Standort wissen und eine Meldeadresse haben. In der ersten Arbeitswoche pendelte ich dann zwischen Grindel und Jenfeld und meine 200 Mark verdunsteten zusehends, was mir einen riesigen Stress machte. Mittags gab es zwar Essen in der Kantine der Philips-Werkstatt, zu der wir zehn Minuten liefen, aber ich musste ja auch etwas frühstücken und Abendbrot essen.

Am zweiten Samstag stand ich vor einer etwas heruntergekommenen alten Villa in Wandsbek Mariental in der Oktaviostraße. Es war hier – ganz im Gegensatz zu Eimsbüttel – völlig ruhig. Die Bushaltestelle vor dem Jüthorn-Krankenhaus war per kurzem Fußweg durchs Gehölz erreichbar. Mit Bus-Umsteiger am Wandsbeker Markt war die Verbindung zur Lehrwerkstatt gut und für die Berufsschule konnte ich U- und S-Bahn nutzen.

Ich klingelte also. Mich empfing ein altes Ehepaar. Sie sprach wie Heidi Kabel und er wie ein Hamburger mit sächsischem Akzent. Sie zeigten mir ein etwa 16 m^2 großes, dunkles Zimmer mit einem großen, wuchtigen Esstisch mit drei Stühlen, einem ebensolchen Buffet und einem Klappbett im Mahagoni-Schrank entlang der Wand, mit angesetztem, eintürigem Kleiderschrank. Alles scheußlich. Ein grauer Cocktailsessel aus den 50er Jahren an einem winzigen Nierentisch mit schwarzer Platte schoss aus dem Rahmen der 30er-Jahre-Möblierung. Und der falsche, verschlissene Perser war auch ein Vorkriegsmodell. Erschlagen wurde alles durch den funzeligen sechsarmigen Holzkronleuchter über dem Esstisch, mit braun/gelb geflammten Glasschüsseln. Neben der Zimmertür gab es ein Waschbecken mit Kaltwasser und einen Spiegel. An der anderen Wand stand ein überdimensionierter Gasofen mit einer 1,5 Meter langen Marmorabdeckung, auf der ein Uraltmodell eines elektrischen Wasserkochers stand, zum Aufgießen von Tee oder Schnellkaffee. Toilette war klar, aber keine Badbenutzung. Warmes Wasser für die Badewanne wurde über einen Badeofen mit Holzfeuerung erzeugt. Nur für die Vermieter, jeden Samstag. Die Miete betrug 140 Mark inklusive Strom und lag im Budget. Mein Vater wollte maximal 150 Mark übernehmen. Den Gaszähler sollte ich extra anmelden. „Ja, würde ich nehmen“, sagte ich nach einmal tief durchatmen. Denn außer der Lage war hier nichts schön. Aber ich hatte vieles vorab gecheckt. Das Schwimmbad, eine Wäscherei und ein kleiner Supermarkt waren zu Fuß erreichbar. Also alles gut. Darauf erzählte ich von meiner Lehrstelle, dass ich Mittwoch gerade 18 geworden sei und mein Vater die Miete zahlen würde. Ein Schreiben von ihm hatte ich dabei. Dann erfuhr ich, dass die Vermieter Erna und Franz Motz hießen, schon lange in Rente seien, eine Schlachterei in Horn hatten, und das alte Haus von ihrer Tante geerbt hätten.

Ja, sie würden mich gern nehmen. Wir einigten uns, dass ich schon am 15. einziehen könnte. Der Mietvertrag in Form eines festen Handschlags war geschlossen. Kündigung bitte rechtzeitig mit einem Monat Vorlauf mitteilen.

Am Donnerstagabend zog ich dann um und räumte meine Sachen ins Buffet und in den Kleiderschrank. Nun hatte ich zunächst eine feste, eigene Bude, wo ich mich selbst organisieren konnte. Zumindest bis ich vielleicht etwas Besseres fände. In der nächsten Woche Montag nach der Berufsschule meldete ich mich dann beim Bezirksamt mit zweitem Wohnsitz an und fuhr mit meinem holländischen Pass, in dem keine Adresse eingetragen wurde, und mit Meldebescheinigung am darauffolgenden Montag zur Hamburger Hochbahn in die Steinstraße und besorgte mir eine Monatskarte ab 1. Mai.

In der Eingewöhnungsphase im neuen Zimmer traten dann noch allerlei Unwegsamkeiten zutage. Samstags in die Badeanstalt zum Schwimmen und Duschen war O.K. Abends Katzenwäsche nur mit kaltem Wasser am Waschbecken war schwierig. Und es panschte den Boden nass. Trotz untergelegtem Handtuch. Und besonders schwierig fand ich dabei das Füße waschen.

Mit der Kochwäsche – Unterhosen, Unterhemden, Handtücher und Waschlappen – ging ich alle zwei Wochen zur Wäscherei. Dazu reichten meine Garnituren so gerade. Nyltest-Hemden, ab sechs Stück, nahmen die auch. Aber Strümpfe musste ich alle paar Tage von Hand im Waschbecken waschen, mit Feinwaschmittel, und auf dem Handtuchhalter trocknen. Am Wochenende trug ich Rollis und T-Shirts. Davon hatte ich nur je zwei. Also Handwäsche im Waschbecken und mit Erlaubnis der Wirtin im Keller aufhängen, der nur 1,80 Meter hoch war. Aber ich hatte in Hamburg schnell gelernt: Komm ich übern Hund, komm ich übern Schwanz.

Apropos Nyltest-Hemden. So sinnlos und merkwürdig dies auch heute erscheinen mag; sowohl unter dem Overall, auch als Blaumann bekannt, den wir Lehrlinge während der sechs Monate in der Mechanik-Werkstatt trugen, als auch während der weiteren gesamten Lehrzeit unter dem weißen Kittel mussten wir

Oberhemd und Krawatte tragen. Eine Marotte des Philips-Konzerns. Das stand schon im Informationsbrief, weswegen ich auch mit Vaters alten Krawatten beschenkt wurde (!).

Das sollte jetzt mein Alltag werden?

Die Vermieter waren im Prinzip sehr nett. Aber es waren schon tüdelige alte Leute, wie man in Hamburg sagte. Wenn sie mir im Flur etwas erzählte, rief er oft aus der Küche: „Was redest du denn da, Erna!“ Und Sie dann: „Schnack du ma selbst kein dumm Tüch, Franz!“ Er fuhr oft mit dem Rad zur Wandsbeker Chaussee zum Einkaufen oder wurschtelte im Garten und am Haus. Ich habe aber in vier Jahren nicht gesehen, dass sie einmal das Haus verlassen hat. Sie putzte und kochte, und gemeinsam machten sie im Keller die Wäsche. Die übrige Zeit verbrachten Sie am Esstisch in der Küche, wo sie quasi wohnten. Nur um 20.00 Uhr ging man in die „Stube“ zum Fernsehen und guckte Tagesschau. Brüllend laut bei offenen Türen. Da hatte ich auch gleich Nachrichten. Danach zog man wieder in die Küche um. Außer wenn Kulenkampff kam oder mal am Sonntag Der Blaue Bock. Manchmal stellten sie mir ein Stück Obst vom Garten ins Zimmer. Wenn ich mich bedankte, sagte Frau Motz immer: „Och, Herr Keijzer, da doch nich für.“ In meinem Zimmer wurde gesaugt und Staub gewischt und das Waschbecken gelegentlich sauber gemacht, obwohl ich dies eigentlich selbst sauber hielt. Das Bett musste ich selbst machen. Die Bettwäsche wurde aber gestellt und monatlich gewechselt. Eines Tages sprach mich Frau Motz an, ob ich mich etwas mehr vorsehen könnte beim Rasieren. Der Spiegel sei ja immer so voll gespritzt mit hartnäckigen Seifenflecken.

„Ich rasiere mich elektrisch“, versicherte ich, „und kann mir das gar nicht erklären. Ich werde aber besonders Obacht geben, woher das kommen könnte.“

Wenn ich samstags zur Wäscherei und ins Schwimmbad ging, konnte ich etwas länger schlafen als an Wochentagen. Und als ich gegen 8.00 Uhr noch im Schlummer lag, wurde jäh meine Zimmertür aufgerissen. Der Schreck fuhr mir durch die Glieder und ich drehte mit aufgerissenen Augen den Kopf. Es erschien Herr Motz, schaltete das Spiegellicht ein, stellte eine Blechkumme mit heißem Wasser auf den Waschbeckenrand und begann ganz entspannt mit einem dicken Rasierquast sein Gesicht heftig einzuseifen. Als ich nach einigen Sekunden die Sprache wiedergefunden hatte, sagte ich laut und kräftig: „Guten Morgen, Herr Motz. Stört es sie, wenn ich jetzt aufstehe?“.

„Oh Herr Keijzer, entschuldigen Sie. Ich dachte nicht, dass Sie noch im Hause sind.“

Ich war stinksauer. Und obwohl ich erst 18 Jahre alt war, verfügte ich über ausreichend Selbstsicherheit, um energisch aber mit Augenzwinkern zu reagieren. „Wenn Sie hier auch keine Badbenutzung haben“, sagte ich, „sollten wir mal zusammen mit Ihrer Frau sprechen. Ich möchte mein Waschbecken jedenfalls nicht länger mit Ihnen teilen.“

Nie wieder in den nächsten vier Jahren habe ich ihn in meinem Zimmer gesehen.

Neben meiner Zimmertür war eine Wandkonsole, auf der ein Telefon stand mit abgeschlossener Wählscheibe (die frühgeborenen Leser wissen vielleicht noch, was das ist) und einem vorgeschalteten Einheitenzähler. Ich konnte gelegentliche Anrufe entgegennehmen. Wenn ich jemanden anrufen wollte, nahm Frau Motz das kleine Schloss ab und schaltete den Einheitenzähler ein. Je Einheit schlug es mit 20 Pfennig zu Buche.

Etwa zu jedem Monatsanfang rief mein Vater an. Es wirkte auf mich wie Pflichtgespräche. „Hallo, wie geht's?", „Alles in Ordnung", „Na denn mach's mal gut". Dann sprach er kurz mit Frau Motz, die immer so um die 30 bis 40 D-Mark extra zur Miete bekam, weil ihr Mann jede Woche für mich zweimal Brot, ein Stück Käse und eine kleine Mettwurst vom Einkauf aus Wandsbek mitbrachte. Dass Düsseldorf diese Ausgaben übernahm, hatte ich mühsam losgeeist, da ich mit meinen 95 DM pro Monat ohnehin nur minus machte und erzählt hatte, dass ich mir ständig Zusatzarbeiten suchen musste. Ich weiß bis heute nicht, was ihre Motivation war, aber beim ersten dieser Anrufe Anfang Mai gratulierten sie mir nachträglich zum 18. Geburtstag und machten folgenden „Geschenkvorschlag". Wenn ich im Sommer Berufsschulferien und Urlaub hätte, könnte ich doch ruck, zuck den Führerschein machen und sie würden dazu 200 Mark beitragen. War dies vielleicht die vorbeugende Abschirmung, damit ich ja nicht auf die Idee käme, in den Ferien nach Düsseldorf kommen zu wollen. Unbegründete Angst. Ich hatte inzwischen losgelassen. Nur um meine damals zehnjährige Schwester zu besuchen, wäre ich sehr gern nochmal wieder in diese Stadt gekommen.

Auch bei Musik ging es ums Geld

Als ich die gesamte Umgebung per Spaziergänge erkundet hatte und vielfach in der Innenstadt, an der Alster, am Hafen und im Stadtpark gewesen war, wurde mir langweilig. Mit zwei Lehrkollegen hatte ich bald etwas mehr Kontakt. In den Pausen quatschte man über dieses und jenes und erfuhr etwas mehr über die Lebensumstände der anderen. Ernst lebte mit seiner Mutter allein, hatte keine Geschwister und spielte Gitarre. Er war gerade dabei, sich einer Gruppe anzuschließen, die eine neue Band aufbauen wollte. Einmal wöchentlich trafen sie sich am Dienstag oder Mittwoch in einem Übungsraum in einem städtischen Jugendtreff in Barmbek, genannt Flachsland, nach der entsprechenden Straße. Da ich erzählt hatte, dass ich Gitarre und Schlagzeug spielte, lud er mich ein, doch einmal mitzukommen. Er fuhr dort immer gleich nach der Arbeit hin. Das verursachte ja keine Kosten, also brachte ich in der Woche darauf meine Gitarre mit und ging mit. Außer Ernst und mir waren da Harald, der noch an der Bassgitarre lernte, Claas, E-Gitarre mit Bravour, und Wolfgang, mit Flausen im Kopf und Geld. Wolfgang hatte einen alten Volkswagen und vom verstorbenen Vater einiges Geld geerbt. Er wollte der Manager der Band sein und der Boss. Da schon zwei Gitarren vertreten waren und ich erzählte, dass ich auch Schlagzeug konnte, wollte Wolfgang mich für das Schlagzeug einteilen. Er würde deshalb eines kaufen, was auch geschah. So übten wir Woche für Woche und entwickelten uns von Chaos zu Halbordnung. Einklang und Harmonie waren im persönlichen wie in der Musik noch im Stadium Hoffnung. Wir kamen nie wirklich zu einer konzeptionellen Arbeit. Ernst wollte immer gern seine Gitarrensoli demonstrieren, die er unbenommen gut konnte, die aber als Solitäreinlagen nirgends passten. Claas fetzte mit völlig übersteuertem Gitarrenverstärker immer sowas hin, was wir später Heavy Metal nannten, damals aber nicht in unser Rock'n'Roll- und Beat-Repertoire zu integrieren war. Harald, der Fröhliche, war immer gut drauf, außer auf dem Bass. Und ich versuchte permanent, alle irgendwie auf Linie zu halten, damit unsere Übungsstunde zumindest mit einem minimalen Ergebnis enden würde. Wolfgang hingegen fand uns alle toll und hüpfte zwischenzeitlich Hände klatschend und euphorisch wie ein Fan herum, unter Ausrufen wie: „Das nehmen wir ins Programm für den Feuerwehrfestball in Ellerau!". Wir waren einfach mäßig gut. Aber ich hatte einmal wöchentlich Gesellschaft und Unterhaltung. Wir waren alle etwa 18 und, ja, lustig war es immer! Wolfgang träumte vom großen Durchbruch und kaufte vorausschauend schonmal einen nagelneuen Ford 17M fürs Image. Super Teil in grünem Glitzerlack mit abgesetztem Dach. Ich habe es vergessen, aber ich denke, dass die Band einen Namen hatte. Denn an einem Pfingstsamstag spielten wir – dank Wolfgangs Engagement – zum Tanz im Tivoli in Stade. Das ging ja wohl nicht als namenlose. Und dann noch mal hier und da zu größeren Feiern. Aber noch nach Monaten überstiegen unsere Gesamtausgaben unaufhörlich die Einnahmen. Das konnte ich mir jedenfalls nicht länger leisten. Mein letzter Auftritt sollte der Tanzabend im Veranstaltungssaal der Kirchengemeinde Hufnerstraße sein, ehrenamtlich, wie zugesagt. Und genau dabei lernte ich meine erste Frau kennen, die ich drei Jahre später viel zu jung ehelichte und mit der ich vier Jahre verheiratet war.

Aber zurück zur Musik. Ich musste eine andere Einnahmequelle suchen, denn ich kam einfach nicht über den Monat, trotz heftigen Verzichts auf jegliche Annehmlichkeiten.

Tipp aus dem Studentenheim

Neben den Hinweisen, wie man am besten ein Zimmer findet, hatte ich in den zwei Wochen im Studentenheim in der Sedanstraße auch noch so einiges anderes aufgeschnappt, an das ich mich jetzt erinnerte. Und hier will ich mal von zahlreichen illegalen Dingen wie „was zu rauchen holen“ und Ähnlichem nicht plaudern. Mein Stubengenosse verließ an einem Abend gegen 21.30 Uhr das Zimmer und gab mir nur den Hinweis, er gehe was arbeiten. Als er am Morgen gegen acht Uhr völlig desolat zurückkam, fragte ich ängstlich und vorsichtig, ob alles in Ordnung sei. Und er erzählte mir, dass er bei Axel Springer eine Nachtschicht geschoben habe und davon platt sei. Aber was tut man nicht alles für 40 Mark auf die Kralle. Ich ließ ihn dann in Ruhe und er schlief unverzüglich ein.

Am Abend fragte ich dann vorsichtig nach und erfuhr mehr Details. An einem ausgeschilderten Schalter stellten sich Studenten um 22.30 Uhr an und meldeten sich an für Hilfsarbeiten in der Nacht. Die Schicht ging bis 7.00 Uhr. Man bekam eine Blechmarke mit einer Nummer und wurde in eine Lohnliste eingetragen. Der Schichtführer teilte einem dann zu 23.00 Uhr einen Platz in der Zeitungsproduktion zu. Um 2.30 Uhr war Pause und man konnte in der Kantine sehr günstig essen. Nach Feierabend um 7.00 Uhr stellt man sich bei der Auszahlung an und bekommt gegen seine Blechmarke 40 DM netto auf die Hand. Dass ich kein Student sei, spiele keine Rolle. Es würde nicht kontrolliert. Jeder könne dort quasi arbeiten. Genial, dachte ich. Vielleicht mal was für mich. Und wenn du einen Führerschein hast, kannst du auch Zeitungen ausfahren zu den Depots. „Hast du einen Führerschein?"

„Nein, noch nicht", sagte ich. „Ich werde diese Woche erst 18."

Egal, wo ich ein Zimmer fände, ich solle auf jeden Fall zu der Fahrschule in der Schlüterstraße gehen, schräg gegenüber der Mensa. „Da machen alle Studenten ihren Lappen", sagte er. „Kann aber auch jeder hingehen." Es sei die günstigste Fahrschule in Hamburg und man müsse nur wenig Fahrstunden machen. Und das habe ich dann schnell umgesetzt, in der Hoffnung, den Führerschein auch für Nebenjobs brauchen zu können.

Kurz nachdem ich in die Band eingetreten war, meldete ich mich vor den Ferien in der Schlüterstraße an. Alles klappte zeitnah. Mit einem alten, weißen VW-Käfer absolvierte ich in fünf Wochen zehn Fahrstunden. Das wäre die Mindestzahl, die vom Amt in der Süderstraße akzeptiert würde, sagte der nette aber schmuddelige Fahrlehrer. Die zehnte Stunde war die Prüfungsfahrt. Alles paletti. Aber wo nun auch trotz der Bandauftritte kein Geld zu generieren war, und es nicht einmal mehr reichte, um mir am Samstag, wo es kein Kantinenessen gab, eine Currywurst mit Kartoffelsalat zu kaufen, musste ich auf den ersten Studententipp zurückgreifen. Ich beschloss, jetzt die generelle Notlage auszurufen und vorläufig an jedem zweiten Freitag, wenn samstags kein Wäschereibesuch anlag, je eine Nachtschicht im Zeitungsimperium zu absolvieren. Wie schwer verdient dieses Geld wohl wäre, wusste ich dann erst nach der ersten Schicht.

Ich fuhr also Freitagabend zum Springerhaus und fragte mich durch bis zu dem entsprechenden Gang. Vor der Theke standen geschätzt dreißig junge Leute. Bis ich an die Reihe kam, dauerte es aber nur Minuten. Alles ging zack, zack und es lief alles so ab, wie mir der Student es geschildert hatte. In meiner normalen Alltagskleidung stand ich zu Schichtbeginn an einer Maschine, die ein Band aus Metall oder Gewebe um einen Zeitungsstapel zog und verschloss, wenn ich auf ein Fußpedal trat. Den schweren Zeitungsstapel musste ich von einem Laufband ziehen und einmal längs schnüren, drehen und in Querrichtung binden. Dann den Packen auf einen Rollwagen neben mir hieven. Das schien nicht so schwer. In den ersten 15 Minuten. Dann wurde das Papier offenbar von Minute zu Minute schwerer. Es war höllisch laut in der Halle, in der die Rotationsdrucker liefen, und es war staubtrocken und sehr warm, wie in der Sahara. Als um 2.30 Uhr die Hupe ertönte und „Mittag" war, hatte ich das Gefühl, dass meine Zunge groß wie ein Tennisball war und wie eine Kugel aus Löschpapier an Gaumen und Wangen klebte. Meine Lippen waren gefühlt stark geschwollen. Ich entschied mich für einen Pott Kaffee und eine Flasche Selters, und im Gegensatz zu den meisten Kollegen ignorierte ich den auf den Aufstelltafeln angepriesenen Matjes mit Remoulade und Bratkartoffeln. Wie gesagt, 2.30 Uhr. Nein, inzwischen 2.45 Uhr.

Nachdem die Hölle wieder losgegangen war konnte ich mich nur schwer auf den Beinen halten und konnte mir nicht vorstellen, hier ohne riesige Blamage herauszukommen. Bis ich mich in dem Moment sehr erschreckt habe, als plötzlich gegen Morgen die Maschinen ausliefen und meine Ohren nur noch auf den allgemeinen Restlärm in der Halle zugreifen konnten. War ich jetzt taub?

War ich nicht, denn etwa eine halbe Stunde später hörte ich den Ton der Hupe, der „Feierabend" verkündete. Und in der Zwischenzeit war auch der Strom der zulaufenden Zeitungspakete abgeebbt.

Als ich am Tresen stand und auf Abgabe meiner Marke und Erhalt meines Lohns wartete, hatte ich wieder das Gefühl, dass das gar nicht meine Zunge sei, die ich im Mund hatte. Und meine Kleidung fühlte sich ganz stumpf an vor lauter Papierstaub. Als ich mit U-Bahn und Bus zu meinem Zimmer fuhr, wäre ich nicht fähig gewesen, zu sprechen. Ich fiel dann gegen 8.00 Uhr tot ins Bett und schlief bis zum Mittag. Als ich danach ewig im Schwimmbad unter der Dusche stand, da wusste ich: niemals alle zwei Wochen. Höchstens einmal im Monat. Und nur, wenn es nicht anders geht. Als ich Montag wieder Hose, Hemd und Krawatte anhatte, brachte ich in der Mittagspause erstmal meine Freizeitklamotten in die Reinigung. Aber dort winkten sie ab. Cordhose lieber waschen als reinigen. Und frische Druckerschwärze auf dem T-Shirt? Keine Chance. Und so beschloss ich, diese Sachen als Arbeitskleidung zu behalten. Neue Teile dann irgendwann im

Schlussverkauf. So war die Hälfte meines Verdienstes zwar schon wieder zerronnen, aber ich nahm das als einmalige Investition in zukünftige Schichten in der Druckerei.

Allround-Praxis in der Servicewerkstatt

Nach Ende des Ausbildungsabschnitts in der Metallver- und -bearbeitung kam ich zunächst einige Wochen in die „Elektronische Lehrwerkstatt“, wo handwerkliche Elektronikarbeit gelehrt wurde. Neben Materialkunde in Theorie und Praxis feinstes Löten verschiedener Bauelemente und Leitungen, Bestücken von Leiterplatten und Ähnliches. Immer begleitet durch den Unterricht in der Berufsschule. Danach durchlief ich sämtliche Bereiche der Philips-Servicewerkstatt. Hier wurden alle Geräte repariert aus dem Bereich Unterhaltungselektronik, wie Plattenspieler, Tonbandgeräte, Radios und Fernseher. Auch die Sparte Audiotechnik wurde hier betreut, also Mikrophone und Verstärkeranlagen, Plattenspieler, Lautsprechertechnik und Funkanlagen. In jedem Bereich verbrachte ich unter Anleitung eines erfahrenen Technikers zwei oder drei Wochen. Und es gab sehr interessante Außeneinsätze im Veranstaltungsbereich (Stadien, Theater, Musikhallen etc.). Je eine Woche verbrachten wir auch bei den Haushaltsgeräten. Vom Rasierapparat über Handmixer, Haarföhn und Staubsauger bis zur Geschirrspülmaschine. Ich will den Leser nicht mit öder Technik quälen, aber zwei Geschichtlein muss ich erzählen. Mit einem Kundendiensttechniker sollte ich ein Mikrowellengerät ausliefern an einen noch nicht eröffneten Imbiss in der neuen U-Bahn-Passage am Hauptbahnhof. Mit unserer ganzen Kraft hievten wir das Gerät auf unsere Sackkarre. Diese Geräte waren damals noch so groß wie ein E-Herd und trümmerschwer. Vom Parkplatz schoben wir die Karre, gebückt und hinten tief über dem Boden haltend, damit das Teil nicht nach vorn kippt, bis zur nigelnagelneuen Rolltreppe. Unten sahen wir schon den Imbiss.

„Du kannst mit der Karre nicht auf die schräge Rolltreppe“, sagte ich. „Das Gerät kippt uns runter.“

„Kleinigkeit“, sagte mein Kollege. „Wir müssen nur hinten tief runter halten.“ Und schon schob er die Fracht auf die abwärts rollenden Stufen. Durch die Schräge der Treppe wurde schon nach der zweiten Stufe die Sackkarre samt seiner Hände hinten hochgedrückt, sodass das zentnerschwere Gerät sich nach vorn neigte und er die Griffe der Karre nicht mehr halten konnte. Mit tosendem Gedröhn schlug das Gerät über dreiviertel der Treppe Purzelbäume und die Sackkarre polterte hinterher, zudem die Treppe schlagartig stehen blieb. Fast alle Stufen der Rolltreppe waren eingeknickt oder verbeult. Die Mikrowelle war auch Schrott. Ein wahres Glück, dass niemand sich vor uns auf der Treppe befand. Diese Geschichte war lange im Gespräch und stand m.E. auch in der Zeitung. Wer den Schaden hat …

Für zwei Tage fuhr ich mit einem älteren, erfahrenen Techniker auf Kundschaft für Geschirrspüler und Waschmaschinen. Da kamen wir mittags in einen Bungalow in einer guten Gegend. Eine schlampige Frau im Bademantel und mit Zigarette machte uns auf. „Ja, gehen Sie durch, die Waschmaschine ist in der Küche. Es dauert ewig, bis sie abgepumpt hat.“

Als wir vor der Maschine standen, schauten wir uns an und dachten dasselbe. Hier konnte man sich nicht hinknien, geschweige denn setzen. Die riesige geflieste Premiumküche stand vor Dreck. Der Boden war so speckig, dass man aufpassen musste, nicht auszurutschen.

„Schlampe“, sagte mein Kollege leise. „Wir müssen die Maschine unter Schaum ausprobieren!“, rief er dann nach hinten. „Haben Sie mal Waschpulver?“

In dem Moment verstand ich ihn noch nicht. Als die Maschine mit Waschpulver auf 40 Grad aufgeheizt hatte, zog er den Verschluss des Flusensiebs heraus und die warme Seifenlauge breitete sich beinahe in der gesamten Küche aus. „Oh Gott, oh Gott!“, rief er. „Können Sie mal ganz, ganz schnell mit einem Feudel kommen (Hamburgisch für Wischmopp) und das hier aufwischen? Der Revisionsdeckel war nicht richtig eingerastet. Tut mir wirklich sehr leid!“

Stinksauer unter Ausstoß von Schimpftiraden wischte die „Schlampe“ alles auf, während wir auf der Terrasse eine rauchten. „Fertig!“, rief sie.

„So, Jan“, sagte mein Kollege, „jetzt können wir uns auf den Boden setzen.“

Als wir später nach draußen kamen, konnten wir es nicht länger unterdrücken und prusteten vor Lachen.

Ganz langsam wurde alles leichter

An einem Wochenende, ich war wohl schon am Ende des zweiten Lehrjahrs, zog der gesamte Philips-Kundendienst samt Lehrwerkstatt von der Jenfelder Straße an die Hammer Landstraße, direkt gegenüber des U-Bahnhofs Burgstraße, in das bis dahin vom OTTO Versand genutzte Gebäude. Aus der Sieveking Allee kommend hielt hier zu der Zeit noch die Straßenbahn. Wie das honoriert wurde, ist mir nicht mehr gegenwärtig, aber ein Großteil des Personals inklusive Auszubildende half Samstag und Sonntag bei den Umzugsarbeiten in Form von Ausräumen und Einräumen. Um Inventar wie Regale, Büro- und Werkstatteinrichtung und Geräte kümmerte sich ein Transporteur. Nur unweit dieses Standorts wohnte mein Lehrkollege Hans-Joachim, der mich für diese beiden Tage eingeladen hatte, bei ihm zu Mittag zu essen. Aus einer Erbschaft seiner Oma hatte er schon ein eigenes Auto kaufen können. Es war ein knallroter Opel Kadett C. Für damals ein echt cooler Flitzer mit Fließheck. So schafften wir den Weg in wenigen Minuten und nutzten die großzügig angesetzte Mittagspause. Seine Eltern lebten getrennt und er stellte mich seiner sehr netten Mutter und seinem zwei Jahre jüngeren Bruder vor. Da wir uns offenbar gegenseitig alle sympathisch waren und die Chemie stimmte, verbrachte ich zukünftig häufiger mal Zeit bei ihnen, meist am Sonntag, zumal deren Wohnung auch zu meinem Zimmer fußläufig nur etwa 30 Minuten entfernt war. Mir war angeboten worden, dass ich sonntags gern mitessen könnte. Da die wirtschaftliche Lage der Familie aber nicht rosig war, einigten wir uns darauf, dass ich einen kleinen Obolus dafür entrichten sollte als Beteiligung an den Kosten. Für mich war das perfekt. Wir schauten gemeinsam fern, hörten Musik oder machten Spiele. Einmal hatten die Jungs noch Freunde eingeladen und eine kleine Party gegeben. Zum Geburtstag von einem der zwei. Da gab ich dann auf Wunsch einen musikalischen Beitrag zum Besten, mit Gitarre, Mundharmonika und Gesang. Dabei waren Blues, Western- und Countrysongs und Titel der Beatles etc. Meine Besuche dort wurden aber naturgemäß weniger, als die Beziehung zu meiner Freundin etwas enger wurde und wir uns an den Sonntag Nachmittagen immer trafen. Jutta wohnte bei ihren Eltern und hatte nicht viele Freiheiten. Also begnügten wir uns damit, uns ab 14.00 Uhr zu sehen. Abends war 22.00 Uhr das Limit. Wir fuhren an die Elbe, zu Hagenbeck oder in den Stadtpark. Dort auf der Wiese konnte zumindest ein wenig – aber dezent – geschmust werden. Und wir gingen gern ein Eis essen. Jutta war finanziell ganz gut aufgestellt. Ihr fast voll erblindeter Großvater lebte mit in der Wohnung im eigenen kleinen Zimmer. Wenn Jutta Dienste für ihn erledigte, oder auch so, steckte er ihr immer etwas Geld zu, denn er hatte eine gute Rente und eine betriebliche Pension. Und Jutta hatte gerade die Handelsschule abgeschlossen, arbeitete als Kontoristin bei Siemens und bekam schon ein eigenes kleines Gehalt, von dem sie allerdings einen Teil zu Hause abliefern musste, um zum Haushalt beizutragen. In der Straße Flachsland, neben dem städtischen Jugendzentrum, wartete ich meistens auf sie, in einer kleinen, alten Kneipe, die am Sonntag von morgens bis zur Mittagsschließung um 14.00 Uhr immer rappelvoll war und wo der Zapfhahn nie zu ging. Bierkneipen waren zu der Zeit noch Goldgruben. Ich leistete mir zwei Bier je 70 Pfennig. Und mittlerweile als „armer Stammkunde“ bekannt, spendierte mir der Wirt, den wir Onkel Hans nannten, schon mal dazu einen Korn. Eines Tages fragte Jutta, ob sie ihre Freundin Christel Sonntag mitbringen dürfe. Wir könnten doch zusammen auf den Sommer-Dom gehen und anschließend bei Christel Schmalzkuchen essen und Kaffee trinken. Sie wohnte auch in der Nähe des Wiesendamms. Natürlich fand ich das O.K. Es war ein sehr lustiger Nachmittag. Christel war sehr temperamentvoll und witzig und wir hatten durchgehend Spaß und lachten. Ihre Mutter kochte uns Kaffee und setzte sich zeitweise zu uns. Und es bewahrheitete sich. Der Apfel fällt nicht weit vom Stamm. Ihren Vater habe ich erst Monate später kennengelernt. Der hatte an diesem Sonntag Dienst bei der Polizei.

Und nun hatte ich da so eine Idee. Am nächsten Sonntag kommt Christel wieder mit und auch mein Lehr- und Bandkumpel Ernst. Das wird auch sehr lustig. Gesagt, getan. Wir landeten in Aumühle und gingen gerade den Fußweg entlang der Bahnlinie nach Friedrichsruh. Damals fuhr da noch keine S-Bahn. Und es geschah aus heutiger Sicht Unmögliches. Eine einzelne Dampflok hielt neben uns auf der Strecke an. „Wollt ihr mitfahren?“, rief der Lokführer, der ganz unüblich allein ohne Heizer unterwegs war. „Ich mach nur Probefahrt!“. Ob er es ernst meine, riefen wir. „Ja, kommt rauf!“

Und wir kletterten mühsam die Stahlleiter hinauf, deren erste, untere Sprosse sehr hoch war. Schön eingeschmuddelt bestaunten wir bei der Pendelfahrt zwischen Aumühle und Friedrichsruh die damals noch nicht ausgemusterte Technik der Dampflok. Und es funkte nicht nur im Feuerraum. Es folgten noch ein oder zwei gemeinsame Ausflüge, bis wir entschieden, dass sich lieber jedes Pärchen allein vergnüge. Und ich mache es kurz. Wir haben nach meinem Lehrabschluss den Kontakt verloren, uns aber nach Jahren mal wiedergetroffen. Da waren Christel und Ernst verheiratet und hatten Kinder. Und ich war in zweiter Ehe glücklich verheiratet. Ohne Kinder. Und auch Hans-Joachim sah ich nach Lehrabschluss nur einmal wieder. Er hatte sich als Berufssoldat verpflichtet und war außerhalb Hamburgs stationiert, als er Jutta und mich nach Monaten in unserer ersten Wohnung in feierlicher Ausgehuniform überraschte. Ich war von meiner Mutter früh zum Pazifismus geprägt worden, gegen Waffen und jede Gewalt, ohne Kriegsspielzeug und sogar ohne Wasserpistole. Uniformen waren mir per se suspekt. Und ich glaube, dass ich ihn in meiner direkten Ehrlichkeit bat, nicht mehr in Uniform zu kommen. Das wars.

Das kleine Musikhaus in Wandsbek

Leider musste ich feststellen, dass ich es mir trotz der regelmäßigen Einsätze in der Großdruckerei kaum leisten konnte, mich mal mit Lehrkollegen auf ein Bierchen mehr in einer Pinte zu treffen. Und wenn es eine Musikkneipe war, wo entweder Eintritt fällig wurde oder die Getränke etwas teurer waren, musste ich entweder passen oder mich mal wieder einladen lassen. Das war mir aber oft doch zu peinlich, so dass ich meist absagte. Ich hatte mir schon 50 Mark von meiner Freundin geliehen, die mich auch – wie berichtet – ohnehin häufig freihielt. Die wollte ich unbedingt zeitnah zurückgeben. Auch wenn sie das ablehnte. Aber da hatte ich meinen Stolz. Und so entstand ein schmerzlicher Entschluss: Wenn ich mit dem Bus vom Wandsbeker Markt nach Hause fuhr, sah ich immer ein einzelnes kleines Schaufenster in der Wandsbeker Schlossstraße, direkt neben der Eckkneipe *Gerichtsklause*. Auf der Scheibe stand in großen gelben Buchstaben „Musik Kolbe“, und darunter stand ein Schild: „Instrumentenbau, Reparaturen, An- und Verkauf“. Da ich meine Gitarre nur noch selten benutzte, wenn ich z.B. zu privaten Feiern eingeladen wurde, wo ich dann quasi Musik gegen Getränke tauschte, war das Instrument eigentlich verzichtbar. Zwar wurde des Öfteren gefragt, ob ich die Gitarre mitbringen könne, aber wenn eine Einladung daran scheitern würde, dann wäre es halt so. Der Musikladen war zu Fuß in 15 Minuten erreichbar und so beschloss ich, dort meine Gitarre zum Kauf anzubieten. Ein sehr netter, älterer Herr mit Lederschürze, sicher längst im Rentenalter, stellte sich als Herr Kolbe vor, hörte sich mein Anliegen an und begutachtete das Stück. Eigentlich habe er ja schon zu viele gebrauchte Sachen. Und die machen oft Probleme, wie z.B. der Gitarrenlautsprecher dort mit Hallgerät. Gebraucht verkauft und umgehend als defekt zurückgebracht. Aber meine Gitarre sei ja top in Schuss. Aber mehr als 80 DM seien nicht drin.

„Bieten Sie mir 100“, sagte ich, „und ich komme morgen mit meiner Werkzeugtasche und schaue mal unverbindlich in Ihren Gitarrenverstärker. Kann nichts versprechen. Vielleicht haben wir Glück.“

Und so wurde es abgemacht. In meiner alten Schultasche hatte ich eine bescheidene Ausstattung wie Lötzinn und einen normalen und einen extra kleinen Lötkolben, eine lange und eine kurze Pinzette, einige Schraubendreher, Saitenschneider, eine Kombizange und ein kleines Multimessgerät, das ich von einem Kollegen als Schnäppchen gebraucht gekauft hatte. Für das Auffinden der häufigsten Fehler reichte das. Andernfalls wäre ein Oszillograf vonnöten, den wir natürlich nur in der Werkstatt hatten. Der zeigte die Formen der Spannung an, ähnlich wie bei einem EKG. Unabdingbar bei der Reparatur und Konvergenzeinstellung eines der neu aufkommenden Farbfernsehgeräte mit drei Elektronenstrahlen. Für blau, rot und grün. Aus diesen wurden über eine Lochmaske alle Farbtöne auf dem Bildschirm erzeugt.

Aus Ausschlachtungen von Altgeräten in der Servicewerkstatt hatte ich mir ein kleines Sortiment der gängigsten Widerstände und Kondensatoren zugelegt und ein Sortiment Glassicherungen. Andere eventuelle Ersatzteile hätten a la carte besorgt werden müssen. Und so ausgestattet lief ich am nächsten Tag bei Musik Kolbe auf. Im Verstärker war nur eine Glassicherung durch. Nachdem ich sie getauscht hatte, ließen wir das Gerät noch 30 Minuten auf Leistung laufen, um zu sehen, ob es für das Durchbrennen der Sicherung eine technische Ursache gab oder ob sie nur mal schlapp gemacht hatte wie eine alte Glühlampe. Alles gut. Herr Kolbe wollte mir zu den 100 DM jetzt noch etwas extra geben. Hätte ich super gebrauchen können, aber ich lehnte dankend ab.

„Ein Wort ist ein Wort, Herr Kolbe", sagte ich, „aber wenn Sie mal wieder ein technisches Problem haben, können wir es ja wieder zusammen versuchen."

Und etwas wehmütig ließ ich die Gitarre und die Telefonnummer meiner Vermieter dort. Handys gab es ja noch lange nicht!

Tatsächlich dauerte es keine zwei Wochen, bis er sich meldete. Es knisterte immer in einer in Zahlung genommenen Gesangsanlage mit integrierten Lautsprechern. So könne er sie nicht als Second Hand anbieten. Schnell fand ich heraus, dass die Abschirmung des Mikrofonkabels das Problem war. Ich kürzte das Kabel um 20 cm und lötete den neunpoligen Stecker in Feinstarbeit wieder an. Das dauerte dann mehr als eine halbe Stunde. Und wenn er mir dann 20 oder 30 DM zusteckte, war das für mich und für ihn eine gute Sache.

Obwohl an Internet noch nicht einmal zu denken war, hatte Herr Kolbe offensichtlich ein „Netzwerk“. Nach und nach riefen immer mal wieder Leute an, denen er von mir erzählt hatte, und die einen Fernseher oder ein Radio repariert haben wollten. Und meist lag das Problem an defekten Heizwendeln in den Elektronenröhren. Leicht zu finden. Wenn die Heizspannung am Röhrensockel messbar war, der Faden in der Röhre aber nicht glühte, musste eine neue Röhre her. Die besorgte ich in der Spitaler Straße bei Baderle, einem Spezialgeschäft für Elektronikteile. Und so war ich nun zusätzlich noch jede Woche ein bis zwei Abende unterwegs. Der Kunde zahlte den Preis laut Kassenbon für das Bauteil. Und das konnte schon leicht mal 30 oder 40 DM sein. Das besprachen wir zwar vorher, aber es gab trotzdem oft Diskussionen. „So teuer und nun möchten Sie noch ein Entgelt für Arbeitszeit plus Fahrkosten.“ Da blieb meist nur wenig „Gewinn“, aber ich brauchte auch das kleine Geld immer mal wieder und es half mir. Aber Vorsicht!

Ein Kollege von mir hatte eine solche Reparatur durchgeführt, und vier Wochen später starb die nächste Röhre. Das kam oft vor bei älteren Geräten, da die Lebensdauer der Röhren – wie bei Glühlampen - begrenzt war. Das sagten wir auch vorher. Und dann ging sein Kunde zum Fernsehhändler um die Ecke und sagte: „Herr XX hat vor vier Wochen meinen Fernseher für 80 DM repariert, und nun ist er schon wieder kaputt. Der hat wohl keine Ahnung. Können Sie sich das mal ansehen?“

Der Händler fragte die Kundin aus und dann bekam mein Kollege mächtig Ärger mit dem Finanzamt. Steuernachzahlung auf Umsatzschätzung und Anzeige.

Apropos mächtig Ärger

Inzwischen war nun schon wieder Weihnachten und mein Vater hatte völlig aus der Art tatsächlich gefragt, ob ich Heiligabend nicht kommen wolle. Sehr misstrauisch, aber immer an positive Entwicklungen glaubend gab ich mir einen Ruck und reiste an Heiligabend mittags an. Da gab es gleich den ersten Rüffel. Gern hätte ich schon einen Tag früher kommen können, denn es waren zahlreiche Botengänge fällig. Schließlich hätten sie meinen Führerschein bezahlt und ich hätte prima die Weihnachtspräsente für die Stammkunden verteilen können. Nun hätten sie dafür extra Herrn Sowienoch bezahlen müssen. Das tat mir natürlich mächtig leid. Kommunikation ist alles. Vorgesäuert verlief der Abend verkrampft und mit dekadentem Essen, wie Artischockenblätter stippen in Weinschaum-Remoulade und Hummerhälften auf Zuckerschoten in Mangoldblättern. Und es gab ein Geldgeschenk (mangels Zeit). Gesprochen wurden – wenn überhaupt – nur unnütze Floskeln und altkluge Kalenderweisheiten. Es war eine stocksteife, kalte Atmosphäre und es trieb mir Gänsehaut auf den Rücken. Und nachdem die LP von Rachmaninow durch war, mussten wir „Die Verteidigungsrede von Sokrates" hören. Nach gefühlten Stunden war der erste Teil beendet. Alle waren zum Glück müde, und als trotz Heiligabend gegen 23.00 Uhr schon zum Schlafengehen gerüstet wurde, war es für mich eine wahre Erleichterung. Warum, ist unbekannt, aber meine Schwester schlief unten. Ich musste mit der kleinen Dachkammer Vorlieb nehmen und nutzte somit das Bad von Anita und Vater.

Am Morgen des ersten Weihnachtstages kam mein Vater wutschnaubend im Schlafanzug ins Zimmer gelaufen. „Wieso hast du meine Zahnbürste benutzt? Das ist widerlich!“, schrie er mich an, *meine* gelbe Zahnbürste hochhaltend, mit der kleinen Kordel daran, die mir Anita definitiv zur Abreise nach Langeoog als frisch ausgekocht angepriesen hatte. Ich hatte diese nie benutzt und immer in einem Plastikköcher der neu gekauften Bürsten aufgehoben. Nur da mir meine Zahnbürste am Morgen vor der Abreise abgebrochen war und keine Zeit mehr für Ersatzbeschaffung blieb, hatte ich mich entschieden, diese Bürste nochmal mit Seife zu spülen und mitzunehmen. Es gab nicht den geringsten Zweifel an ihrer Identität. Doch Anita fiel impertinent in den Gesang mit ein, es sei doch eindeutig Vaters Bürste, wegen der Kordel. Ein Wort gab das andere und Kaskaden an Vorwürfen aller Art wurden losgetreten. Es wurde mir umso deutlicher bewusst, dass ich weiter keinen Gedanken daran verschwenden sollte, auf eine Besinnung meines Vaters zu einer Vater-Sohn-Beziehung zu hoffen.

„Du wirst nur Steine schleppen!“ rief er mir noch mal wieder im Treppenhaus hinterher. Und so saß ich schon am ersten Weihnachtstag wieder im Zug zurück nach Hamburg.

Ich entschied mich fürs Bonanza

Nachdem ich nun den einen oder anderen Schein durch Reparaturen zugesteckt bekam, hatte ich mich dem Gedanken genähert, die höllenschweren Nachteinsätze in der Zeitungsdruckerei aufzugeben. Inzwischen war ich im dritten Lehrjahr und erhielt nun 135 DM im Monat. Damit kam ich auch nicht allein über die Runden, aber besser als zuvor mit 95 oder 115. In meinem Kopf spökerte immer die Gedankenschleife: „Wie kann ich noch etwas Geld generieren?“ Und wie gewohnt ging ich eines Abends eine kleine Runde um den Block und sah neben der Eingangstür zur Diskothek Bonanza in der Rodigallee das Schild: ‚Vorübergehend Thekenchef gesucht‘. Es war erst 18.30 Uhr. Da die Tür offenstand ging ich hinein und wollte mal hören, worum es genau ging. Wäre das vielleicht was für mich? Eine junge Dame saugte den Boden. Es war ein großer Raum mit farbigem Kunstlicht und zwei Diskokugeln an der Decke, die nicht liefen. An der verdunkelten Fensterseite und entlang der hinteren Wand waren je eine Reihe von etwa sieben oder acht Tischen mit jeweils fünf Stühlen. Hinten rechts war noch ein Nebenraum, ebenfalls mit Bestuhlung. Im großen Raum vorn befand sich ein langer Tresen mit vielleicht zehn Barhockern. Dahinter wischte ein für mich damals älterer Mann herum (etwa 40). Ich war inzwischen 20.

„Hallo“, sagte ich zu der jungen Dame, die gerade den Sauger abgestellt hatte. „Mit wem kann ich mal sprechen wegen Thekenchef?“

„Geh mal zu Cherrie“, sagte sie. „Der hinter der Theke.“

Ich ging hin und setzte mich auf einen Barhocker.

„Ist noch geschlossen, kannst du nicht lesen?“

„Doch“, sagte ich freundlich, „Deshalb wollte ich fragen, ob der Thekenjob nicht etwas für mich ist.“

Seine Mimik wandelte sich. „Willst du was trinken?“, fragte er und reichte mir seine Hand.

„Nein danke, ich wollte nur mal hören, um was es geht.“

Und dann erzählte er mir, dass in der Woche der Eigentümer selbst die Ausgabe an der Theke mache und für Freitag- und Samstagabend eine Kraft gesucht werde. Sonntag sei zu. Eigentlich mache er dies seit langem, müsse aber ins Krankenhaus, und das könne länger dauern. Für diese Zeit werde eine Vertretung gesucht. Und dann erklärt er mir folgendes: „Nadja macht die Bedienung an der Bar und Uschi macht die Tische. Wenn dort nichts los ist, kann sie auch an der Bar verkaufen. Beide haben einen Bondrucker. Verkauft eine ein Getränk, bucht sie das und druckt den Bon aus. Den bekommst dann du und gibst das Getränk heraus. Alles befindet sich im rechten Teil der Theke, wo auch die Musikanlage gesteuert wird. Dann wird der Bon auf den Spieß von Nadja oder Uschi aufgespießt. Für einen Bon Scotch Cola schenkst du vier cl Johnnie Walker aus mit zwei Eiswürfeln und stellst den mit einer kleinen Flasche Cola auf ein kleines Tablett. Die Damen berechnen dem Kunden den Preis aus der Getränkekarte. Die Bons lauten aber über deinen Ausgabepreis, der etwa 25 % darunter liegt. Die Differenz ist ihr Verdienst, denn sie rechnen nach Betriebsschluss mit dir die Summe der Bons ab, die jeweils auf ihrer Rolle gebucht wurden. Den Gesamtumsatz rechnest du dann in der Nacht mit dem Inhaber ab, der seine Wohnung über dem Lokal hat. Verstanden?“, fragte er. „Heute und morgen könnte ich dich noch einführen, damit du die Ausgabepreise kennst und in Stichproben die Bons kontrollieren kannst. Wo alle Sachen stehen, hast du schnell drauf.“

„Und wie ist es mit meinem Verdienst?“, wollte ich natürlich wissen.

„Du hast keinen Einfluss auf den Verkauf, deshalb bekommst du einen festen Satz. Von 20.00 bis 02.00 Uhr 5 DM die Stunde. Wenn es mal später wird, weil es noch läuft, natürlich auch für die Zusatzstunden. Vor Arbeitsbeginn musst du noch Getränke auffüllen und gegebenenfalls beim Chef nachbestellen, was gebraucht wird. Hinten ist ein Lagerraum. Die Zeit ist unbezahlt. Wenn du es machen willst, stell ich dich gleich dem Chef oben vor. Kannst du schon heute? Dann um 8. Und, ach ja, Chef wünscht weißes Hemd und Schlips. Schwarze Schürze bekommst du von uns.“

Mir schien die Sache wie ein Glücksfall und ich hielt es für einen sehr guten Tausch gegenüber einer ganzen Nacht bei der Zeitung. Schnell sagte der Chef zu und ich ging mit Cherrie wieder in den Laden. Heute hatte ich Hemd und Krawatte ja noch an von Philips. Da musste es eben mal gehen, ohne mich frisch zu machen.

Als wir runterkamen, war Nadja gekommen, eine sehr schlanke hübsche junge Dame mit langen schwarzen Haaren. „Dein neuer Barchef", zeigte Cherrie mit dem Daumen auf mich. „Fängt sofort an."

„Hallo, ich bin Jan", sagte ich und gab ihr die Hand.

„Freu mich, auf gute Zusammenarbeit", lächelte sie. „Uschi kennst du ja schon. Die macht vor dem Öffnen immer nochmal sauber."

Und jetzt hatte sich Uschi schick gemacht und ihre mittellangen rötlichen Locken glänzten golden unter den Blitzen der inzwischen eingeschalteten Diskokugeln. Nichts hatte ich schriftlich. Mal sehen, ob das hier alles gut geht, dachte ich. Ich muss ja sonst morgen nicht wiederkommen.

Es ging gut. Schnell lernte ich die Kniffe im Umgang mit den Damen. Cherrie hatte gesagt, dass die Mädels auch zwei- bis dreimal am Abend ein Getränk für sich abfordern könnten, ohne zu bongen. „Wenn sie das dann verkaufen, guck einfach nicht hin. Nur aufpassen, dass es nicht überhandnimmt. Du trinkst auch mal ein Bier. Keine Schnäpse. Unbedingt nüchtern bleiben und den Überblick behalten."

Es machte großen Spaß mit den Damen und wir vertrugen uns gut. Aber es war auch nicht immer leichte Arbeit. Wenn es brummte, musste man richtig Gas geben. Und die Musik musste auch immer korrekt laufen. Manchmal auch Kassetten nach Kundenwunsch. Quasi 300 Meter schräg gegenüber lag die große Wandsbeker Douaumont-Kaserne, so dass immer ein Trupp Soldaten in den Laden kam. Und nebenan war das Wohnheim der Schwesternschülerinnen des Wandsbeker Krankenhauses. Ja, klar, ich hatte die Telefonnummer des Hauses. Wenn es nicht so lief, rief ich dort an. Wenn ich dann für jedes Mädchen das erste Getränk kostenlos anbot, kamen immer sehr schnell die benötigten Tanzpartnerinnen. Und dann wurde es meist so zwei Uhr, bis wir schließen konnten.

Cherrie kam zunächst nicht wieder und ich machte den Job mehrere Monate. Und die „Bargespräche“ erweiterten meine soziale Kompetenz wieder, wie früher im Internat. Eine für mich große Herausforderung war das ständige Herausstrecken meiner sensiblen „Antennen“, um sich anbahnende Auseinandersetzungen schon zeitig vor dem handfesten Streit mancher Kampfhähne zu spüren. Nur dann war es möglich, mal unaufdringlich hinzuzukommen und durch einen geschickten, manchmal lustigen Smalltalk die Wogen glatt zu halten, bevor der Sturm erst richtig losging. Wenn es erst eskaliert wäre, hätte ich nichts mehr machen können und eventuell die 110 rufen müssen, denn ich war zwar 1,86 Meter groß, aber nicht der Kräftigste. Soweit ist es aber in meiner Zeit zum Glück nicht gekommen, von der einen oder anderen kleineren Rauferei mal abgesehen.

Dann sagte eines Nachts der Chef: „Gute Arbeit, Jan, aber das wars. Ab nächste Woche übernimmt Cherrie wieder.“

War mir ganz Recht. Meine Prüfung stand bevor und zudem hatte ich in dieser Zeit so viel verdient, dass ich sogar noch ein gutes Polster hatte anlegen können.

Die Prüfung durch die Handelskammer

In der Lehrwerkstatt hatten wir schon Nachricht über die Orte und Termine der Abschlussprüfung erhalten. Die praktische Prüfung sollte stattfinden in der Lehrwerkstatt der Lufthansawerft am Weg Beim Jäger. Die schriftliche Prüfung direkt in den Räumen der IHK in Hamburg. Und die hatte an alle Lehrlinge ein Merkblatt herausgeben lassen, in dem u.a. stand, dass es gewünscht sei, in der Handelskammer zur Prüfung im Anzug zu erscheinen. Ich rief in Düsseldorf an und berichtete, dass ich dringend etwas Geld für einen neuen Anzug bräuchte, da der zur Prüfung vorgeschrieben sei. „Ich ruf gleich zurück“, sagte mein Vater. Zehn Minuten später rief meine Stiefmutter an und teilte energisch mit, ich hätte doch den guten Anzug meines Vaters bekommen. Basta. Es gab also nichts extra und ich lief zur Prüfung in einer blau/grauen, leicht verschlissenen Kombination auf, da ich den alten Anzug vom Vater entsorgt hatte. War wohl nur mir peinlich, und es störte sich niemand offenbar sonst daran.

Die schriftliche Prüfung fand also zuerst statt. Ich hatte ein gutes Gefühl. Eine Woche später bestand die Aufgabe in der Lehrwerkstatt der Lufthansa Werft darin, ein Radio komplett zu bauen. Ohne äußeres Gehäuse. Nach Zeichnung und Schaltplan. Dazu erhielten wir eine Blechplatte und eine Wanne mit Materialien und Bauteilen. Aus der Platte sollte zunächst ein Chassis entstehen, dass alle weiteren Bauteile aufnahm. Schneiden, abkanten, lochen und bohren. An der Drehbank mussten Rollen, Wellen und Knöpfe hergestellt werden, aus Messing, Stahl und Plexiglas. Dann alle Komponenten platzieren und verlöten etc. Eine umfangreiche Aufgabe in vier Stunden Zeit. Wenn beide Prüfungen überstanden waren, wurde man noch zur mündlichen Prüfung eingeladen. Dort wurde ich ausschließlich über Hochfrequenztechnik befragt, einem Bereich, der mehr für Rundfunk- und Fernsehtechniker relevant war, und den ich als angehender Elektroniker stark vernachlässigt hatte. Das war ein Fehler. Mündlich nicht bestanden. Wiederholung – zum Glück nur der mündlichen Prüfung – in sechs Monaten. Das war für mich zunächst ein Schock. Mein Vater schäumte vor Wut und ließ wieder den Spruch los mit „Steine schleppen“, und er habe keine Lust noch sechs Monate länger die Miete von 140 DM monatlich zu zahlen. Ich bekam eine Einladung des Personalleiters von Röntgenmüller. Man wisse ja um meine Lebensumstände und wolle mich bis zur Nachprüfung in der Servicewerkstatt für Röntgen-Fernsehketten an der Alsterkrugchaussee beschäftigen. Damals eine noch neue Technologie bestand in Röntgen-Bildverstärker-Röhren, etwa so groß wie ein Zehnliterfässchen, mit angekoppelten Videokameras und gegebenenfalls angeschlossener Bandaufzeichnung. Damit konnte man Bewegungsabläufe röntgen und direkt aufzeichnen, wie z.B. einen Schluckvorgang. Auch meine Reparatur- und Serviceeinsätze in Praxen und Kliniken seien vorgesehen. Ich bekäme natürlich kein Technikergehalt, aber die Lehrlingsbeihilfe von regulär 160 DM sollte auf 200 DM aufgestockt werden. Das war super fair und ich nahm dieses Angebot demütig und dankbar an. Und ich fand dort einen sehr zugänglichen und fachkundigen Chef vor und ein Team, das mir sehr viel Wissen in Praxis und Theorie vermittelte. Allerdings nichts über Hochfrequenztechnik. Das büffelte ich zu Hause.

Als ich im März 1969 wieder vor dem Tisch der Prüfungskommission erschien, saß dort auch mein ehemaliger Ausbildungsmeister. Und er stellte die richtigen Fragen. Nach zweitem Anlauf erhielt ich den „Facharbeiterbrief für Elektromechanik Fachrichtung Elektronik der Industrie- und Handelskammer Hamburg". Und Röntgenmüller beschäftigte mich zunächst weiter in der Servicewerkstatt, zu einem für Anfang 1969 guten Gehalt für einen 22-jährigen Techniker. Wenig später hat mich dann die Firma angesprochen, ob ich nicht in die Retourenabteilung wechseln möchte in die Röntgenstraße. Dort kämen aus aller Welt diverse Geräte und Teile aus Praxen und Krankenhäusern an, von einzelnen Spezialschrauben aus austenitischem Edelstahl, bis hin zu ganzen Komponenten von Röntgenanlagen. Diese müssten geprüft und beurteilt werden, um zu entscheiden, ob sie zum Verkauf zu Lager gehen könnten, aufgearbeitet werden müssten oder verschrottet werden könnten.

„Damit kämen wir dem einmal von Ihnen geäußerten Wunsch entgegen, Ihrer Tätigkeit eine verantwortungsvolle kaufmännische Komponente hinzuzufügen“, sagte der Personalleiter. Gesagt, getan. Und ja, es gab auch etwas mehr Gehalt.

Von Freundlichkeit, Hochzeit und Peinlichkeit

Ohne auf Einzelheiten einzugehen kann ich sagen, dass die Wohnsituation bei meiner Freundin schwierig war und sie sich zudem nach der fehlenden menschlichen Wärme sehnte. Und auch ich suchte sehnlichst nach einem Menschen, der an meinem Leben Anteil nehmen würde. Deshalb war Jutta inzwischen eigentlich meine Verlobte. Denn wir hatten uns klar dazu bekannt, dass wir so bald wie möglich zusammenziehen und heiraten wollten. Jutta war inzwischen eine „möblierte Dame“ und hatte sich nach ihrem 18. Geburtstag ein Zimmer in meiner Nähe gemietet. In einem Reihenhaus bei einem sehr netten jungen Ehepaar. Er arbeitete als Generalvertreter bei einem bekannten und namhaften Kreditversicherer und sie arbeitete als freiberufliches Fotomodell. Man sah sie unter anderem auf Plakaten mit Erfrischungsgetränken oder im Werbefernsehen auf der Rolltreppe für eine Kaffeefirma und vieles mehr. Ich besuchte Jutta nun regelmäßig dort, und eines Abends, um 22.15 Uhr, riefen die Vermieter von unten herauf: „Herr Keijzer, es ist schon nach 10 Uhr. Damenbesuch zu Ende!“

Etwas verwundert, aber den Wunsch tolerierend riefen wir „O.K.“.

Jutta begleitete mich noch die Treppe hinunter und als wir unten ankamen, standen die Vermieter lachend in ihrer Wohnzimmertür und fragten uns, ob wir nicht lieber zu ihnen kommen möchten und noch ein, zwei Weinchen trinken. Zwischen uns lagen nur sechs oder sieben Jahre und die Chemie passte, sodass wir sofort per Du waren. Und es gab nun auch keine „Sperrstunde“ mehr. Nach wenigen Wochen kauften wir dann von ihnen zu kleinem Preis einen alten Renault Dauphine, weil Marion ein neues Auto bekam. VW Karmann Ghia in blau mit weißem Dach. Schickes Teil. Auch ohne dass es Internet gab, hatte ich durch meine Arbeiten inzwischen einige nützliche Verbindungen und kannte einen Autosattler und einen, der lackieren konnte. Mit Resten von Bezugstoff wurde die Dauphine innen für einen Appel und ein Ei schick neu bezogen und verkleidet und die Außenfarbe wandelte sich von duffem Creme in ein glänzendes Orange mit schwarzen Stoßfängern und Spiegeln. Für 1968 sehr auffällig. Das war ein Nachteil. Zweimal geschah es, dass ich ein Knöllchen bekam, obwohl – nein, *weil* ich in die Parkuhr nachgesteckt hatte. Den merkt man sich. Für mich war das kleine Auto eine große Erleichterung, da mein neuer Arbeitsplatz noch immer in der Nähe des Flughafens lag und mit der HHA nur zeitaufwendig erreichbar war. Als ich aber von einem Kollegen ein Schnäppchen Angebot für einen sehr akzeptablen VW-Käfer bekam, schlug ich zu und verkaufte die Dauphine, die immer Ärger mit Leckagen machte und bei feuchtem Wetter und bei Kälte nur mit Hilfe der Kurbel ansprang. Der neue alte VW war lackiert in Bronzemetallic, was beim ersten Anblick, als ich damit nach Hause kam, den Ausruf von Jutta hervorrief: „Zu der Farbe kann man ja alles anziehen!“

Und nun konzentrierten sich erstmal die Ereignisse. Bald nach meinem Abschluss im März 1969 hatten wir eine nette Zwei-Zimmer-Erdgeschoss-Wohnung in Jenfeld gefunden. Damals lag die total ruhig. Das Schlafzimmer schenkten uns komplett Juttas Eltern. Und ihr altes Sofa, was erst neu bezogen worden war. Zwei wandelbare, orangene Schaumstoffsessel und einen Wandschrank konnten wir selbst wuppen. Im Mai 1969 heirateten wir. Jutta und ihre Eltern hatten dazu einige Freunde und Bekannte eingeladen. Verwandte gab es außer Opa nicht. Als erneuten Normalisierungsversuch lud ich Anita und meinen Vater mit meiner 14-jährigen Schwester ein, die Jutta aus einem Kurzbesuch in Düsseldorf kannte. Ich buchte Hotelzimmer und nannte Zeit und Ort für das Standesamt um 9.30 Uhr und für die Kirche um 11.30 Uhr. Dazwischen lag nur ein Sektumtrunk im Freien, hoffend, dass am 30 Mai nicht – wie im bekannten Lied besungen – Weltuntergang sei. Hier erwarteten wir nur die jeweiligen Eltern, meine Schwester und die Trauzeugen. Das waren Marion und Knut, Juttas ehemalige Vermieter. Um 13.00 Uhr waren diese und alle anderen Gäste, etwa 20 an der Zahl, zum Essen geladen in einem Restaurant am Stadtpark. Und ich mache es kurz.

Die kirchliche Hochzeit fand in der evangelischen Bugenhagen-Kirche in Barmbek statt. Jutta war evangelisch und ich war noch in der Katholischen Kirche, obwohl ich ja seit dem Tod meiner Mutter nicht mehr gebetet hatte und mit Gott schwer haderte. Wir hatten den Pastor einige Wochen zuvor besucht und gefragt, welche Hürden es geben könnte bei der Mischehe. „Bei mir gar keine“, sagte er überzeugend, und es wurde eine sehr nette und lustige Kaffeestunde.

Zurück zum aktuellen Tag. Es hatten alle so weit in der Kirche Platz genommen. Der Pastor hatte schon mit der Rede begonnen, als mein Vater und meine Schwester die Kirche betraten. Alles guckte betreten und der Pastor pausierte, bis die beiden sich irgendwo gesetzt hatten. Oberpeinlich! Wie ich es gewohnt war.

Beim Aperitif im Stehen im Restaurant stellte ich meinen Vater und meine Schwester allen vor. Die Verspätung wurde auf die Lufthansa geschoben. Das Fehlen meiner Stiefmutter wurde nicht kommentiert.

Peinlichkeit zwei: Meine Schwester trug ein ganz altbackenes Jackenkleid in dunkelblau mit grauen Nadelstreifen, das trotz vermutlicher Änderung nicht im Geringsten saß und zu groß war.

Peinlichkeit drei: Als Hochzeitsgeschenk präsentierte mein Vater vor aller Augen ein lose in Plastiktüte und Zeitungspapier eingewickeltes Besteck, offensichtlich gebraucht und mit SP gestempelt, vermutlich Silver Plated, und für den Verkauf in Anitas Geschäft deshalb ungeeignet. Quittiert wurde dies durch betretene Stille und ein verhaltenes „Danke“ vom Brautpaar.

Und noch eine Peinlichkeit, mehr geht nicht? Während noch gespeist wurde und das Dessert noch nicht serviert war, entschuldigte sich mein Vater und brach auf, da er den Flieger sonst verpassen würde. Und er sagte mir noch, dass er die Zimmer für die vergangene und kommende Nacht schon storniert hätte. Auf meine

Schwester hatte ich mich ganz besonders gefreut. Nun musste sie schon wieder gehen, ohne dass ich auch nur drei Sätze mit ihr gesprochen hätte. Auf gar keinen Fall durfte nun die Feier für die anderen Beteiligten in irgendeiner Form beeinträchtigt werden. Ich erinnere meine spontanen Worte nicht mehr. Aber mit einem selbstironischen Joke verwischte ich die Sache zu einer lächerlichen Unbedeutsamkeit. Und so war das Motto des restlichen Tages: War was?

Selbstvertrauen und Wissbegierde

Schon nach wenigen Monaten wurde mir langweilig in der neuen Tätigkeit. Mir fehlte die Möglichkeit der Konstruktivität und der Kreativität. Es waren zwar täglich abwechselnde Teile oder Geräte, die identifiziert und begutachtet werden mussten, aber das war die einzige Abwechslung. Und es war oft öde, hunderte von Listen manuell zu durchkämmen, um die korrekte Zuordnung mancher Komponenten zu erreichen und dann eventuell die Wertlosigkeit festzustellen. Nein, 1970 hatten wir noch keinen Computer.

Über eine interne Stellenausschreibung des Konzerns landete ich knapp vor meinem 23. Geburtstag bei Valvo in Hamburg Langenhorn. Ich wurde Leiter einer Maschinengruppe, die sich im Versuchsstadium befand und zur Serienfertigung entwickelt werden sollte. Ich werde nicht zu sehr ins Detail gehen. Aber zum Verständnis kann ich zusammenfassen, dass eine Vorstufe der heutigen EDV-Chips Kernspeichermatrizen hieß und dass diese unter anderem entstanden, indem haardünne Drähte durch Formationen von winzig kleinen Magnetringen geflochten wurden. Bisher von Damenhänden unterm Vergrößerungsglas oder Mikroskop, zukünftig auch von Damenhänden, aber mithilfe von äußerst sensiblen Flechtmaschinen. Deren Entwicklung und Erprobung voranzutreiben inklusive Personalführung und -ausbildung war mein Job.

„Sagen Sie den Damen mal nicht, dass Sie erst 23 sind!“, sagte noch der Personalleiter. Aber das kann man doch nicht verheimlichen. Ein Team gemeinsam zum Ziel führen, ergibt automatisch Akzeptanz.

Bald hatte ich guten Kontakt auch mit Meistern angrenzender Produktionsbereiche und ich interessierte mich für deren Fertigungsprobleme gleichermaßen. Das führte schon in meiner Probezeit zu drei prämierten Verbesserungsvorschlägen und auch die Weiterentwicklung der Flechtmaschinen nahm Fahrt auf. Ich sprach noch sehr gut Niederländisch und eines Tages erschien, ganz ungewöhnlich, unser Geschäftsführer bei mir im Meisterbüro und lud mich persönlich ein, mit ihm nach Eindhoven zu fliegen zu der Entwicklungsabteilung der Maschine, um Ideen und Erfahrungen auszutauschen. Die täglich zwischen Hamburg und dem Konzernsitz Eindhoven pendelnde Philips-eigene Maschine war, wie oft, ausgebucht. So flogen wir Linie. Mit dem ersten Flug meines Lebens ging es zuerst mit der Sabena nach Brüssel. Ganz toll und schön. Dort sollten wir umsteigen auf die NLM, eine holländische Regionallinie, weiter nach Eindhoven. Von der Boarding Area aus schauten wir durch die Fenster auf das Vorfeld, wo ganz hinten eine damals schon steinalte DC 3 mit zwei Propellern stand. Wir witzelten noch darüber, was es mit dieser „alten Möhre" wohl auf sich hätte und ob die zum Oldtimertreff wolle. Als wir mit einem Passenger-Bus übers Vorfeld gebracht wurden, hielten wir exakt neben diesem Ding. Ungläubige Blicke begleiteten uns ringsherum, als wir zum Einstieg aufgefordert wurden. Die Maschine stand mit dem Heck fast am Boden. Und seitlich vom Heck war auch der Einstieg. Um an unsere Sitze etwa in der Mitte zu kommen, mussten wir recht steil den Gang hinaufsteigen, was nur gelang, wenn man sich an den Sitzen festhielt. Das war sehr ungewohnt, zumal im Gang noch mehrere Kisten mehr oder weniger verzurrt waren. Dann waren alle Plätze belegt und zwei Piloten in lässiger Freizeitkleidung nahmen im Cockpit Platz, dessen Tür offen stehen blieb. Mit tosendem Gebrüll der Motoren rollte das Flugzeug nur mäßig beschleunigend die Rollbahn hinunter. Kurz vor deren Ende gab es zwei oder drei kleinere Hüpfer und wir glaubten nicht mehr, dass wir abheben würden. Doch dann hielt sich das Flugzeug eine gewisse Strecke auf Bodenfreiheit, um dann ganz, ganz langsam Höhe zu machen. Dies war nicht nur für mich als Erstflieger beklemmend. Auch meinem Chef als Vielflieger standen die Schweißperlen auf der Stirn.

Als wir dann vom Motor austretend ein kleines, schwarzes Rinnsal über die Flügeloberfläche peitschen sahen, wurde uns wirklich mulmig. Und dass der Copilot zur Mitte des Ganges eilte und auch vom Fenster aus auf den Flügel blickte, trug nicht im Geringsten zu unserer Beruhigung bei. Vielleicht hatte er einen Abfall des Öldrucks auf seinen Instrumenten gesehen. Aber es war wohl nicht so schlimm.

In geringer Höhe mit guter Bodensicht zogen wir danach weiter über Feld und Flur, wobei es durch unsere gerissene Fensterscheibe mordsmäßig rauschte und hineinzog. Bei 2000 Metern Höhe wohl kein Problem.

Und wir sind jedenfalls, wenn auch etwas blass, gelandet.

Diese Besuche in Eindhoven fanden danach noch mehrmals statt. Allerdings mit der Maschine von Philips oder von Brüssel aus mit einer modernen Turboprop 28. Was ich nicht wusste, aber dann später in Eindhoven erfuhr: Die Flechtmaschinen wurden von uns in Hamburg zur Nullserie ertüchtigt, um dann zur Fertigung nach Taiwan zu gehen. Und dieser Zeitpunkt wurde zu Ende 1971 erreicht. Das Angebot, mitzugehen, war für mich keine Option. So fing ich im Sommer 71 an, mich erneut nach einer Stelle umzusehen. Und dann kam ganz überraschend ein Angebot. Knut, also Juttas ehemaliger Vermieter und inzwischen unser sehr guter Bekannter, erzählte, dass seine Firma einen Sachbearbeiter für Warenkreditversicherung suche und ich mich mal vorstellen solle beim Direktor der Niederlassung Hamburg. Er habe mal vorgefühlt und es gäbe eine Möglichkeit, falls ich Lust hätte. Hatte ich.

Gesucht wurde der Mann zwischen Kunden und Zentrale, für telefonischen Service, schnelle Vermittlung der Kreditprüfungsergebnisse und Vertragspflege. Der wegen hoher Vertraulichkeit direkte Telefonkontakt mit Firmeninhabern und Geschäftsführern erforderte eine gute Ausdrucksweise in Wort und Schrift, ein schnelles und diskretes Agieren und absolute Zuverlässigkeit. Eine telefonische Zusage über eine hohe Deckungssumme sei bindend und Vertragsbestandteil. Nach einem fast einstündigen Gespräch mit dem Direktor und dem Büroleiter hatten wir einen Deal. Ich bekäme die Anstellung und würde unter Anleitung der Chefsekretärin, die die Aufgabe seit langem kommissarisch übernommen hatte, eingearbeitet. Wenn, ja, wenn ich parallel dazu in Abendform eine kaufmännische Zusatzausbildung machen würde. Ich brauchte Grundlagen der Betriebswirtschaft. Das sagte ich zu. Und so ging ich zwölf Monate lang zweimal wöchentlich am Abend zum Fortbildungswerk des RKI. Danach wurde mir das Sachgebiet Warenkreditversicherung selbständig übergeben und ich erhielt zur Unterstützung eine weitere Mitarbeiterin.

Nach knapp vier Jahren allerdings sah ich in der inzwischen eingetretenen Routine trotz ständiger Terminnot, Anspannung und Konzentration keine Herausforderung mehr. Als dann noch Irritationen mit der Niederlassungsleitung aufkamen, weil ich mich nach meiner moderaten und einvernehmlichen Scheidung von Jutta neu mit einer Mitarbeiterin liiert hatte, zog ich es vor, mich nach einer anderen Aufgabe umzusehen. Dass ich mich damals in Dagmar unsterblich verliebt hatte und dies auf Gegenseitigkeit beruhte, war übrigens das Beste, was mir im Leben passiert ist, denn wir sind inzwischen seit fast 50 Jahren glücklich verheiratet und ein unzertrennliches Paar. Ich darf hier eine Anleihe an den leider verstorbenen Schauspieler Wolfgang Völz machen, der zu seiner langjährigen Ehe befragt einmal sagte: „Wir haben nicht ein einziges Mal an Trennung gedacht. Höchstens an Mord!“

Auf was wurde ich vorbereitet?

Da gab es eine englische Firma in Familienbesitz, die international tätig war in den Bereichen industrielle Heizungs-, Lüftungs- und Brandschutztechnik. Im holländischen Ort Nijmegen (in Deutsch auch Nimwegen) und auf deutscher Seite in Kleve am Niederrhein gab es je ein großes Werk, in dem die für die Problemlösungen benötigten Anlagen und Komponenten gefertigt wurden. Das Konzept bestand in der Untersuchung und Lösung bestimmter Probleme in Hallen und Industrieanlagen. Um nur ein Beispiel zu nennen:

Eine Flaschenabfüllerei hatte Kondensat unter dem Hallendach und an Maschinenteilen, das bei Abtropfen die Abfüllung aus Hygienegründen stoppte. Dann wurde eine technische Untersuchung vor Ort durchgeführt, eine Projektierung erstellt und eine Lösung des Problems zum Preis X angeboten und in einem bestimmten Rahmen garantiert. Dabei wurde immer die produktionsbedingte Abwärme Energie nutzend einbezogen.

In Hamburg sollte eine Niederlassung in 1976 eröffnet werden. Für diese wurde ich eingestellt als Abteilungsleiter Sales Promotion. Was sich wirklich alles dahinter verbarg, eröffnete sich mir erst im Laufe meiner Tätigkeit. Die Zwischenzeit von einem Jahr füllte ich mit einer Beschäftigung im Büro eines Elektrogroßhandels. Und zuletzt auf Bitte der neuen Firma mit der Suche nach geeigneten Büroräumen in Hamburg. Ich stellte der Geschäftsleitung wunschgemäß drei

Büroobjekte vor, und die Wahl war schnell getroffen. Der Geschäftsführer war Niederländer und der hatte offenbar Pläne mit mir, die mir allerdings nie wirklich bekannt wurden. Aber ich war vier Jahre lang fast nur auf Ausbildungstour. Als erstes 14-Tage-Praktikum bei unserer bekannten Werbeagentur in Frankfurt. Meine Themengebiete dort: Psychologischer Kern von Werbeslogans, Zielgruppenermittlung, Medienauswahl.

Danach zum Dale-Carnegie-Seminar in Niedersachsen über kundenbindende Geschäftskorrespondenz. Anschließend ein ganzes Jahr lang, mit drei oder vier einwöchigen Pausen, technische Zusatzausbildung Heizung, Lüftung, Brandlüftung, physikalische Grundlagen, Berechnung und Auslegung. Im nächsten Jahr dreimal in Themengruppen Managementseminar vom Rheinischen Kuratorium der Wirtschaft, durchgeführt von The Executive Council, Brüssel. Zuletzt nochmals einige Monate später von diesem Institut zwei Wochen in Jesteburg, Thema Kreativität ist kein Zufall. In dieser Zeit war meine Frau beim Studentenwerk gegenüber dem Campus beschäftigt und arbeitete an BAföG-Anträgen. Wir wohnten in Dassendorf, östlich von Hamburg. Sie fuhr mit dem eigenen Auto, einem alten weißen Käfer, täglich zur Grindelallee. Aber sobald ich auf Reisen war, rief sie mich an, dass dieses oder jenes Problem mit dem Auto war. Oft sprang es nicht an und sie musste ein Taxi nehmen. Kein Schnäppchen für diese Strecke. Am späten Nachmittag half dann unser Nachbar, ein Maschinenbauer, mit Starthilfe oder kleineren Reparaturen.

Und an einem Morgen erhielt ich wieder einen Anruf im Hotel. „Ich bin in einer Telefonzelle an der Sechslingspforte. Mein Auto brennt! Was soll ich machen?“

„Bleib weit weg. Sieht man Flammen?“

„Nein, es gibt nur pechschwarzen dichten Qualm.“

„Hast du den Schlüssel abgezogen?“

„Ja, hab ich.“

„Siehst du den Wagen?“

„Ja, und der Qualm hört jetzt wohl auf.“

„O.K., dann ruf den ADAC an und lass das Auto nach Dassendorf bringen. Ist teuer, aber nützt ja nichts. Die Nummer steht im Telefonbuch. Ist da eins in der Zelle?“

„Ja, alles klar. Dann melde ich mich erstmal in der Firma ab. Muss dann zwei Urlaubstage wegen Notfall nehmen. Ich ruf heute Abend wieder im Hotel an. Morgen kommst du ja. Pass auf dich auf.“

„Du auch.“

Und nun kam auch ich zu spät zum Seminarbeginn. Als ich Freitagabend das Auto aufmachte, roch ich schon verkohlten Kunststoff, und unter der Rückbank sah ich sofort, dass der ganze Kabelbaum vom Batterieverteiler bis zum Armaturenbrett verkohlt war. Glaubt es oder nicht, den Kabelbaum gab es bei VW komplett konfektioniert als Ersatzteil. Und ich habe es wieder hinbekommen, obwohl keine Farben mehr an den alten Drähten zu sehen waren. Dank des mitgelieferten Belegungsplans. Dennoch entschieden wir uns jetzt für ein neues Auto und kauften einen Vorführwagen R5 von Renault.

Zurück zum Job. Nachdem nun fürs Erste meine Schulungen zu Ende waren, unterstützte ich die Projektgruppen bei der Gestaltung der Projektpräsentation und der Fokussierung der Verkaufsargumentation auf den spezifischen Nutzen des Anwenders. Dazu ging ich auch mit zu Site Surveys, Messungen vor Ort, bezüglich Temperaturen, Wärmequellen, Abluft- und Zuluftkonditionen, physikalische Gebäudebedingungen und vieles mehr, um eine perfekte Grundlage zu haben für die Verkaufsargumentation der Projektlösung. Als ich allerdings fast ein Jahr lang in diesem Stadium verblieb, hatte ich das Gefühl, dass ich festhing. Und das führte zu einem Entschluss, der mir noch viel Stress machen sollte.

Nochmal ein Schwenk zur „Verwandtschaft“

Über diese beruflichen Entwicklungen war inzwischen mein 30. Geburtstag verstrichen. Eines Tages erhielt ich Post vom Nachlassgericht in Essen. Tante Ria, die für mich immer wie eine Großmutter gewesen war, hatte mir so was wie 6.000 DM vererbt. Über diese Nachricht war ich erschüttert, weil mein Vater mir nicht mal berichtet hatte, dass sie verstorben war. Ich hätte alles organisiert, um zu ihrer Beerdigung zu gehen. Als ich ihn darauf ansprach, musste ich mir anhören, dies wäre von keinem Belang für mich gewesen. Noch immer wurde also über Bereiche meines Lebens einfach verfügt.

Auch über den Tod meines Großvaters in Berlin, nur kurz nach dem Tod meiner Mutter, war ich nicht informiert worden. Und als ich Vater eines Tages bat, mir die aktuelle Adresse von Tante Mika und Regina zu geben, behauptete er, die sei ihm unbekannt, was sich viel später als unwahr herausstellte. Also auch zu Verwandten sollte ich keinen Kontakt haben, um nicht meine Version der Dinge mitzuteilen.

Und noch eine Sache. Wie ich berichtet hatte, hatte meine Großmutter die goldene Taschenuhr meines Opas, die er mir immer als Erbe zugesprochen hatte, meinem Vater für mich mitgegeben, als ich 21 Jahre alt geworden war. Als Opa leider früh starb, war ich erst zwölf Jahre alt und, zugegeben, zu jung für ein solches Erbstück. Oma hatte sie deshalb bis dahin für mich verwahrt. In einem Brief hatte mir meine Großmutter also mitgeteilt, dass mein Vater die Uhr mit nach Düsseldorf genommen hätte und sie mir bei nächster Gelegenheit aushändigen würde. Das tat er aber nicht und teilte mir stattdessen mit, dass er es noch immer für zu früh hielt und er sie für mich verwahre, bis ich 30 sei. Alles Zetern und Abfordern war sinnlos. Ich bekam das Teil nicht. Nun also war ich 30 und bat Vater, mir doch nun die Taschenuhr zu schicken. Und nun erntete ich wieder einmal eine typische Düsseldorfer Schote. Sie wüssten nichts von einer Uhr.

„Aber vor neun Jahren hast du mir doch bestätigt, dass du die Uhr für mich aufbewahrst, bis ich 30 wäre."

„Da musst du was verwechseln."

Diese Dreistigkeit brachte bei mir endgültig das Fass zum Überlaufen, als Vater die Diskussion durch Hörer Auflegen beendete.

Ich erwähnte schon die Beerdigung meiner Großmutter 1980 in Zandvoort, die meinen Vater erschütterte. Dort erzählte ich unter anderem meiner Tante Ak davon, warum ich die Uhr meines Opas, also ihres Vaters, noch immer nicht in Besitz hätte. Und nun hörte ich noch eine tolle Geschichte. Omas Schwester mit Mann, also Tante Katrien und Oom Frits, wohnten auch in der gleichen Senioreneinrichtung wie Oma. Bei einem Besuch von Anita und meinem Vater bei Oma schauten diese auch bei Vaters Tante und Onkel rein. Die hatten eine sehr schöne und antike Wanduhr, eine sogenannte Friesche Staartklok. Der Name kommt von dem lang nach unten reichendem Gehäuse des

Pendels (Steert). Die Uhr umfasste sicher eine Gesamthöhe von 1,50 Metern und war etwa 60 Zentimeter breit und bestückt mit Skulpturen in Kobalt und Gold. Sie liefe zurzeit nicht, berichtete Oom Frits. Und da trat der Teufel auf den Plan. „Wenn du es möchtest, nehmen wir sie mit nach Deutschland. Wir haben da einen Uhrmacher in Bayern, der ist spezialisiert auf solche Wanduhren. Der repariert und wartet sie und das nächste Mal bringen wir sie wieder mit."

So gut, so schön. Aber nun erfuhr ich, dass sie beim nächsten Besuch eine kleine Imitation einer solchen Uhr mitbrachten, nur etwa 70 Zentimeter hoch und in neu. „Die alte Uhr ist leider nicht mehr wirtschaftlich reparabel gewesen und zum Trost schenken wir euch diese neue ähnliche Wanduhr."

Oom Frits war mal ein sehr hoher Beamter in der Gemeinde Amsterdam gewesen und Tante Katrien eine diplomierte Wirtschafterin. Also gewiss keine dummen Menschen. Aber man berichtete mir, dass um des lieben Friedens Willen, vor allem im Hinblick auf Oma, keine weitere Diskussion über so viel Chuzpe gewollt war und sie es tolerierten, wie es war. Aber jeder wusste, dass diese Uhr im Antiquitätenladen ihren neuen Lauf genommen hat. Und wenn die Düsseldorfer in Zandvoort erschienen, wurde überall getuschelt: Die Queen kommt. Wegen Anitas Auftritt.

Über diese Sache und viele andere „Schoten aus Düsseldorf" und natürlich über die Dreistigkeit mit „meiner" Taschenuhr sprach ich immer wieder mit meiner Schwester. Und eines Tages in späteren Jahren, als ich schon in Rente war, erzählte sie mir, dass sie diese Taschenuhr vor nicht allzu langer Zeit von Anita bekommen hätte mit den Worten: „Die ist für Sebastian“, dem ältesten Sohn meiner Schwester. Und trotz aller Kenntnis über diese Erbgeschichte hat sie das Teil ganz stiekum weitergegeben und mich erst Monate später darüber beiläufig in Kenntnis gesetzt. Aber Verletzungen an Herz und Seele war ich von meiner Schwester ja gewohnt. Trotzdem standen wir immer zu ihr. Wir hatten sie 1978/79 sogar schon einmal für drei Monate in unserer Wohnung aufgenommen. Und als mein Vater ihr 1984 mit ihren inzwischen zwei Kindern in einer krassen Notsituation alle Hilfe verweigerte, und sie an meine Frau und mich verwies mit den Worten: „Zieh doch wieder zu deinem Bruder, der hat jetzt ein großes Haus“, brach ich jeden Kontakt zu ihm ab bis zu seinem Tod 1999. Da war er 77 Jahre alt.

Meine Schwester lebt heute in zweiter Ehe in Luxemburg, hat drei Kinder und, wie wir nur vom Hörensagen wissen, mindestens drei Enkelkinder.

Und dann noch eine Sache. Als ich im März 1981 geschäftlich mit dem Auto nach Köln reisen musste, wollte ich bei dieser Gelegenheit erstmalig, seit ich 1963 aus Essen entfernt wurde, das Grab meiner Mutter besuchen. Ich hatte es nach ihrem Tod noch zwei- oder dreimal in kurzen Abständen besucht, bis ich ins Heim kam. Und das war lange her. Ich hatte aber noch ganz gut den Weg und die Parzelle in Erinnerung. Das Grab hatte keinen Grabstein, war seinerzeit aber an der Kopfseite bepflanzt mit einem einen Meter hohen Lebensbaum. Ob der wohl groß geworden sei? Oder entfernt wurde? Ich konnte das Grab nicht finden und hatte Glück, dass ich jemanden im kleinen Büro der Friedhofsverwaltung fand. Als ich mein Anliegen geschildert hatte, stellte sich heraus, dass Anita und mein Vater das Grab vorzeitig nach 18 Jahren aufgegeben hatten. Das war vorzeitig möglich, weil sie glaubhaft machen konnten, dass es keine Person im Umkreis gab, die es hätte pflegen können. Offenbar hatten sie keine Lust mehr, ihre Millionen mit den jährlichen Pflegekosten zu belasten. Ich stand neben mir und schäumte vor Verachtung, dass sie dies gemacht hatten, ohne mich mal zu fragen oder mich auch nur zu informieren.

Denn dann hätte selbstverständlich ich selbst die Pflegekosten übernommen. Das hätte unser Budget schon hergegeben. Zu spät. Ungeheuerlich.

Messebesuch mit Folgen

Wie immer neugierig besuchte ich in Hamburg die Messe HKS (Heizung, Klima, Sanitär), um zu erkunden, ob es technische Neuerungen gäbe. Auf dem Stand eines französischen Herstellers von Gasheizkesseln und Thermen sprach ich mit dem Geschäftsführer der deutschen Niederlassung und fragte, ob auch Geräte für größere Objekte im Programm seien. Ja, hörte ich, z.B. riesige Warmwasserspeicher für Großwaschräume in der Industrie oder für Sanitäranlagen auf großen Campingplätzen. Da die HKS mehr eine Verbraucherorientierte Messe sei, habe er diese nicht ausgestellt. Er könne mir Unterlagen senden. „Was sind denn die Anwendungsgebiete, die so für sie in Frage kommen?“, wollte er wissen.

Ich übergab meine Visitenkarte und einen kurzen Abriss unserer Projektbereiche. Und dann fragte er mich, ob ich noch etwas Zeit hätte, um mit ihm in der Besprechungskabine einen Kaffee zu trinken. Und ich kürze es jetzt ab. Er bot mir die Stelle eines Bereichsleiters Nord an, mit Sitz in der Niederlassung Hamburg und Verantwortung für die Niederlassungen Hamburg, Hannover und Bremen. Die neue Aufgabe, ein gutes Gehalt und ein besserer Firmenwagen reizten mich, so dass ich zwei Tage nach der Messe in Köln anrief und zusagte. Ein Jahr später wurde in Frankreich sozialistisch gewählt und die zum Staatskonzern Societé de Pont-a-Mousson gehörende Firma hat alle Aktivitäten in Deutschland eingestellt. Ein Schock für mich war meine Kündigung zum 30.06.1982. Ab März startete ich meine Bewerbungen und bis heute habe ich alle 75 Bewerbungsschreiben aufgehoben. Bis Mitte September gab es auf 50 davon direkte Absagen oder keine Reaktion. Das war niederschmetternd und zum Verzweifeln. Aber es gab auch 25 Gesprächseinladungen. Nur die letzte davon war erfolgreich. Über eine Personalberatung. Eine Firma im Familienbesitz, gegründet schon 1818 in Hamburg, suchte einen „Mitarbeiter für die Geschäftsleitung". Mit inzwischen 250 Mitarbeiterinnen und Mitarbeitern, davon etwa 200 im Werk in Schleswig-Holstein und 50 in Hamburg, wurde die Firma von zwei Familienmitgliedern als geschäftsführende Gesellschafter und einem angestellten Geschäftsführer geleitet. Und hier wurde Entlastung gesucht. Aufgabengebiet Schritt für Schritt nach Anforderung und Begabung. Am 1. Oktober 1982 begann ich. Eine erste Aufgabe war die Leitung der Auftragsverwaltung und EDV. Fünf sehr nette Damen verarbeiteten dort die täglich eingehenden Aufträge. Die sehr anspruchsvollen Anforderungen an die Auswahl der Industriearmaturen aller Form bedurften meist Abklärung mit den technischen Fachverkäufern, bevor die Aufträge programmtechnisch verarbeitet und zur Weitergabe ans Werk auf einer Floppy abgespeichert wurden. Tägliche Störungen und Ergänzungsanforderungen der „solitär" stehenden EDV-Anlage hielten uns beschäftigt. Die individuell programmierte Software und die Anlage sollten zeitnah durch bessere Technik ersetzt werden. Ich kümmerte mich darum.

Als meine Probezeit vorzeitig beendet wurde, kauften Dagmar und ich, wie schon lange geplant, ein Reihenhaus in Reinbek. Dagmar arbeitete inzwischen in Hamburg Bergedorf bei einem namhaften Maschinenhersteller für die Zigarettenindustrie und mein Arbeitsplatz war unweit davon in Hammerbrook.

Der Ordnung halber teilte ich meinem Vater die neue Adresse und Telefonnummer mit. Seine ganze Reaktion auf den Hauskauf war eine simple Postkarte, auf der stand: „Die schönsten zwei Tage eines Hausbesitzers sind der Tag, an dem er einzieht, und der Tag, an dem er wieder auszieht. Gruß, Pa“. Ja, so war er eben.

Zurück zum neuen Job.

Ich bearbeitete Personalfragen, war zuständig für Büroorganisation und Einrichtung, leitete zahlreiche kleinere Baustellen, bis hin zu einem viergeschossigen Büro-Neubau mit 1.600 Quadratmetern und war zuständig für alle Entscheidungsvorlagen für Marketing und Werbung inklusive Konzept und Entwicklung und bereitete Personalentscheidungen vor im Bereich Angestellte. Und ich erhielt die Aufgabe, einen Betriebsabrechnungsbogen zu konzipieren, nachdem ich einen dezentralen PC-Arbeitsplatz erhalten hatte. Alles in allem hatte ich einen fast selbständigen Job und alles war erfolgreich, voll harmonisch und entspannt. Und da kam mir das Schicksal wieder zur Hilfe. Es sollte ein Image-Film erstellt werden. Für die Messe Achema in Frankfurt und für die Verwendung in allen inländischen und ausländischen Vertretungen. Ich entwickelte den Entwurf für ein Storyboard, und, gemeinsam mit einem Geschäftsführer, die einzusprechenden Texte. Der Auftrag ging an die CTB-Filmproduktion in Bremen, auf Empfehlung eines befreundeten Unternehmens. Es wurde entschieden, dass im 16-Milimeter-Format mit einer Arriflex-Kamera gedreht würde. Mit dem Produzenten und seiner Frau wurde das Storyboard nochmal nachbearbeitet und bei den Innenaufnahmen im Werk und im Testgebäude als auch bei den Außendrehs, z.B. in Geesthacht mit der Dampflokomotive Karoline und deren Sicherheitsventil, war ich immer dabei. Nachdem er gehört hatte, dass ich Super-8- und S-VHS-Amateur sei, erklärte mir der Produzent, der früher Cheffotograf bei Borgward war und bei manchem Autorennen gefilmt hatte, jede Kameraeinstellung. Und er bat mich später, doch beim Schnitt in Bremen auch anwesend zu sein, da dort auch eventuelle Modifizierungen des geplanten Filmtextes vorgenommen werden müssten, wegen des Timings. Und die Originaltöne mussten schon angelegt werden. Und dabei wurde ich auch selbst in die Arbeit an einem Steenbeck-Schneidetisch eingewiesen. Es entstand ein prächtiger Film von 18 Minuten. Damit gingen wir nun ins Alster-Tonstudio, wo ein Profisprecher den Text Sequenz für Sequenz aufsprach. Frühgeborene werden ihn noch kennen. Als Synchronsprecher und Sprecher der ARD gab Hans Daniel von den fünfziger Jahren bis etwa 2000 seine markante Stimme u.a. den Filmberichten der Tagesschau. Ein echter Routinier, den wir mit einem technischen Begriff in dem fließenden Text unseres Films jedoch zum Straucheln brachten:

Hochdruckheißdampfspeiseleitung.

„Ich habe es gewusst!“, rief er aus und schlug mit der Faust auf seinen Sprechertisch. Aber schon beim zweiten Take brachte er es perfekt rüber. Später folgte noch je eine Version in Englisch und Französisch. Aufgrund des guten Ergebnisses und der hohen Resonanz sollte nun noch ein didaktischer Film erstellt werden als reine technische Information über Behandlung und Wartung von Sicherheitsventilen. Zum Einsatz bei TÜV und Kesselwärter Schulungen. Ich erstellte wieder das Storyboard, machte den Text, bereitete die Sets vor und begleitete die Drehs. Nach Abschluss der Dreharbeiten, inzwischen auf Videoband, wollte mich die CTB-Filmproduktion am liebsten abwerben. Daraus wurde aber nichts. Aber ich war dort dann etwa ein Jahr lang an jedem zweiten Samstag nebenberuflich als „Produktionsassistent“ tätig und hatte neben viel Spaß und etwas zusätzlichem Geld weitere wichtige Kenntnisse erworben, die ich später noch nutzen würde.

Typische Standardprobleme beim Generationswechsel

Alle wussten, dass dieser Tag kommen würde. Und dann war er da. Der Sohn des über 80 Jahre alten Gesellschafters trat als dessen Nachfolger in die Geschäftsleitung ein. Mit diesem Tag endete für mich die Harmonie im Orchester der fleißigen und zielstrebigen Kämpfer. So wie der Junior auftrat, erntete er bei der ganzen Belegschaft nur noch durchschnittlichen bis mäßigen Einsatz und abflauendes Interesse an den Firmenbelangen. Und mit allem, was ich persönlich als Credo im Privat- und Geschäftsleben hochhielt, konnte ich plötzlich hier nicht mehr punkten. Die Chemie stimmte nicht mehr. Und ich bekam es zu spüren. Der angestellte Geschäftsführer, mein direkter Ansprechpartner, verließ das Unternehmen. Der zweite geschäftsführende Gesellschafter entzog sich jeder weiteren Beteiligung. Und mir wurde morgens keine Postmappe mehr vorgelegt. Ich langweilte mich. Aber nach wenigen Wochen Überlegung hatte ich einen Plan. Ich würde mich selbständig machen mit einer Marketing- und Werbeberatung. Methokonzept: Problemanalysen, Strategien, Werbekonzepte. Und ich trat die Flucht nach vorn an. Da ich wusste, dass der Junior mein Ausscheiden begrüßen würde (er hatte sich bei einem meiner Gewährsleute deutlich geäußert), machte ich ihm ein Angebot. Mein Punktvorteil: Er war ziemlich überrascht von dem Vorstoß. Ich verhandelte einen Arbeitsvertrag für drei Tage in der Woche, mit meiner

Ausscheidung nach eineinhalb Jahren gegen Erhalt einer Abfindung.

Der Coup gelang. So konnte ich an zwei Tagen in der Woche an dem Aufbau meiner Firma arbeiten. Den Keller unseres Reihenhauses baute ich zusammen mit einem Trockenbauer und einem Tischler zu einem vorzeigbaren Bürostudio aus, wo ich auch Kunden empfangen konnte für kleine Präsentationen und Besprechungen. Ich richtete mir einen Arbeitsplatz ein für Grafik- und Video-Bearbeitung am PC mit zwei professionellen Schnittrekordern und einer drei Meter langen „Schreibtischplatte" und kaufte mir noch zwei Videokameras. Eine Panasonic für die Schulter und eine Canon XM 1. Und ich konnte entsprechend Termine wahrnehmen. In den restlichen drei Tagen als Angestellter hatte ich nichts mehr zu tun, sodass ich an Entwürfen und Konzepten für meine eigene Firma arbeiten konnte. Und ich besuchte ein Seminar über zwei Wochenenden für Pinnwand-Moderationstechnik nach dem Metaplan-Verfahren. Im Obergeschoss hatten wir ein halbes Zimmer, das wir mit PC-Arbeitsplatz mit Printer ausstatteten. Und meine Frau und ich arbeiteten uns ein in eine recht bekannte Buchhaltungssoftware, die auch jederzeit aktuelle betriebswirtschaftliche Auswertungen und eine Bilanz ausgeben konnte. Denn als eingetragene Firma im Handelsregister waren wir bilanz- und umsatzsteuerpflichtig. Als ich 1995 dann komplett aus meinem Anstellungsverhältnis ausschied, hatte ich 13 Jahre für diese Firma gearbeitet. Es tat mir schon weh, aber vielleicht muss man zu seinem Glück auch manchmal gezwungen werden.

Es ging auch ohne „Steine schleppen“

Die Selbständigkeit entwickelte sich recht erfolgreich. Für verschiedene Kunden gestaltete und textete ich Prospekte, machte Beileger für Zeitschriften und plante Anzeigenkonzepte. Mittels Medienanalysen aus dafür speziell erhältlichen Medienhandbüchern für Fachzeitschriften erstellte ich einen jeweiligen Werbeplan für einen festen Zeitraum und schaltete auch die Anzeigen und überwachte die Response, also den Anfragenrücklauf. In meiner kleinen Filmproduktion stellte ich kurze Spots für Kunden her und einen kompletten Imagefilm. Von der CTB-Filmproduktion in Bremen erhielt ich Aufträge für die Herstellung einer Chinesischen und Italienischen Sprachfassung von deren Produktionen. Dazu arbeitete ich mit einem Tonstudio in der Nachbarschaft zusammen und engagierte die Profi-Sprecher. Ein freiberuflicher Grafiker stand mir zur Seite, wenn ich bei der einen oder anderen Sache nicht weiterkam, und dessen Bruder betrieb eine moderne und leistungsstarke Druckerei, wo alles gedruckt und konfektioniert werden konnte. Die Sache war sehr zeitaufwendig, aber auch ganz auskömmlich. Das Gehalt meiner Frau stand uns ja monatlich als feste Basis zur Verfügung, so dass meist auch Raum für weitere Investitionen blieb. Auch für private. Schon im Dezember 1995 und April 1996 hatte ich jeweils den Motorbootführerschein See und Binnen gemacht. Sicher lag es daran, dass man mit 50 weniger leicht lernt als mit 18, aber ich fand es viel schwieriger als den Autoführerschein. Umso mehr, als bei den Prüfungen die Antworten alle frei formuliert werden mussten und es nicht mit dem Ankreuzen einer von drei oder vier Möglichkeiten getan war.

Damals hatte ich schon ein Kajüt-Motorboot gekauft. Aber in der Startphase der Selbständigkeit hatten wir kaum Zeit für Freizeit, und die Pflege und Reinigung vor jeder Ausfahrt, wenn man sechs Wochen oder mehr nicht am Boot war, war zu aufwendig. Und mit 2,75 Metern Breite war das Boot etwas schmal und krängte heftig nach links und rechts, wenn ich mit 125 Kilogramm an Bord hin und her lief. Es hätte etwas breiter sein müssen. Deshalb verkauften wir es wieder. Trotzdem besuchte ich weiter die Hanse Boot in Hamburg, um mich umzusehen. Und dort entdeckte ich bei einem Händler aus Holland ein Touren-Kajütboot aus Norwegen, das mit 3,20 Metern Breite und 8,60 Metern Länge perfekt war. Diese Jacht, als sogenanntes Spitzgatt ein Klassiker, war auf dem deutschen Markt unbekannt. Mit allen Unterlagen ausgerüstet nahm ich Kontakt auf zu der Werft in Arendal, Norwegen, und sprach mit dem Inhaber. Ich fragte, ob es Interesse daran gebe, einen Dealer in Deutschland zu haben.

„Kommt darauf an“, meinte er. „Darüber müsse man mal in Ruhe reden. Hast du den Internationalen Bootsführerschein?“

Ja, hatte ich. Und er lud mich ein, nach Arendal zu kommen. Ich fuhr im Dezember 1999 hin. Die Überfahrt von Hirtshals nach Kristiansand dauerte damals noch sechs Stunden. Von dort mit dem Auto nach

Arendal eine gute Stunde. Es war saukalt und es lag Schnee. Und es war sehr dunkel. Der Werftinhaber hieß Rune. Wir sprachen nur kurz. Er hatte mein Hotel gebucht und bezahlt und lud mich zum Abendessen ein. Dann käme sein Compagnon Tom dazu, der in der Schwesterwerft ein ähnliches Boot herstellte. Nur noch einen Meter länger. Das sollte ich gegebenenfalls auch importieren. Es wurde ein lustiger Abend. Mit meinem mäßigen Englisch und den Deutschkenntnissen des einen Norwegers kamen wir so weit, dass ich einen Entwurf für einen Dealer-Vertrag schicken sollte, mit dem, was wir besprochen hatten. Ich könne zwar Alleinimporteur für Deutschland werden, könne aber maximal fünf Boote pro Jahr bekommen. Die restliche Produktion sei vergeben. Preise laut sogenannter Norwegen-Exportliste. Und weitere Einzelheiten wurden fixiert. Ich ließ meinen Vertragsentwurf lieber von einer professionellen Dolmetscherin übersetzen und von einem Anwalt prüfen. Einige Wochen später traf ich beide in Hamburg im Hotel. Dort machten wir Nägel mit Köpfen.

Ich mietete eine Halle im Gewerbegebiet Reinbek für die Ausstellung von einem – später zwei – Booten. Und einen Wasserliegeplatz an der Dove-Elbe für ein Ausstellungsboot zwecks Probefahrten. Was noch alles zu regeln war, langweilt den Leser. Behördenkram und Formalitäten etc. Und es lief nun so: Ich bestellte eine Jacht nach meiner Vorstellung als Vorführboot und bezahlte sie in Norwegischen Kronen. Damit generierte ich mehrere Verkäufe. Die Kundenboote wurden dann in der Ausstattung bestellt, wie gewünscht. Mit Hardtop, mit Doppel-Achterkajüte, mit elektrischer Ankerwinde, mit Heizung, mit Dusche, mit verschiedenen Herdplatten usw. Kundenboote kamen mit einem Sattelschlepper über die Zollstation Padberg direkt zu dem vom Kunden vorgegebenen Kranplatz. Zielorte gab es von der Nord- und Ostsee über Müritz, Berlin bis nach Köln am Rhein. Dort übergab ich die Boote persönlich, nach Inbetriebnahme mit Protokoll und Probefahrt. Und ich bestellte neue Boote für die Ausstellung, mit denen ich die nächste Hanse Boot besuchte. Die Ausstattung und den Aufbau des Ausstellungsstands machte ich mit meiner Frau und einem Freund selbst. Und jetzt war immer die betriebswirtschaftliche Auswertung im Focus, denn es kamen schnell größere Summen zur Disposition, wie auch die Einfuhrumsatzsteuer und die Umsatzsteuervorauszahlungen. Die Ausstellungszeit auf der Hanse Boot machte irre Spaß, war aber ebenso anstrengend. Wenn Dagmar und ich abends nach Hause kamen, waren wir und unsere Füße platt. Das ging so über neun Tage. Und das machten wir sechs Jahre.

Fünf Minuten nach Öffnung des ersten Messetages stand immer ein Horrorkunde auf dem Treppenpodest, der uns heftig die Zeit und die Nerven stahl mit seinen Ausführungen über seine aktuellen Änderungen und Verbesserungen an seinem Boot unseres Typs, das er in der Vergangenheit irgendwo gebraucht geschossen hatte. Unsere von ihm erwartete Bewunderung für seinen Murks hielt sich natürlich in Grenzen, obgleich er wohl dachte, dass wir der Werft gleich Verbesserungsvorschläge unterbreiten würden. Unterdessen warteten schon möglicherweise potenzielle Käufer auf unsere Aufmerksamkeit, während wir dem innovativen „Konstrukteur“ der Höflichkeit wegen noch ein halbes Ohr liehen.

Die Beobachtungen auf einem solchen Ausstellungsboot waren dabei immer sehr spannend. Es gab die leisen Gucker, die ohne Gruß an Bord kamen und untereinander flüsterten, ohne uns als Verkäuferin und Verkäufer zu beachten. Als wären wir Luft. Dann hörte ich die Frau zu ihrem Mann ganz leise tuscheln: „Dies kommt leider nicht in Frage. Das hat ja gar keine Küche.“ Und um unsererseits auch etwas Spaß zu haben, ließ ich sie dann erst die Treppe hinunter gehen, um dann sehr lautstark einem anderen Kunden zu sagen: „Und darf ich Ihnen mal die komplett ausgestattete Küche zeigen mit Keramikkochplatte und Edelstahlspüle?“ Wenn sie dann nach wenigen Schritten wiederkamen und fragten: „Könnten wir mal die Küche sehen?“, dann antwortete ich ganz freundlich: „Selbstverständlich, aber waren Sie nicht eben schon mal da?“ Und oft schmunzelten die Standnachbarn herüber, die meist kein Wettbewerb zu unseren Modellen waren, vieles mitbekamen und uns ihrerseits zum Lächeln brachten. Gegen Messeschluss trank man dann zusammen ein Bierchen. Und man tröstete sich, wenn der Tag schlecht gelaufen war. Es gab eine Messe, auf der wir nichts verkauften, allenfalls Termine für spätere Besuche in unserer Hausausstellung machten. Das war deprimierend, wenn am letzten Messeabend schon mit dem Abbau begonnen wurde und alles nur Geld gekostet hatte. Aber es gab auch eine Messe, auf der wir Aufträge für fünf Jachten geschrieben haben.

Mit der Bankenpleite 2008 stürzte leider auch das Bootsgeschäft total ab. Es konnte dann mit Mühe nur noch ein Boot pro Jahr abgesetzt werden.

Wir waren froh, dass wir noch den Bereich Marketing und Werbung hatten, obwohl auch hier die beste Zeit hinter uns lag und der Umsatz bröckelte. Und so dümpelten wir auf Sparflamme dahin bis 2010.

Mal schauen, was die Rente macht

Da wir zum Glück niemals Kredite gebraucht hatten und alles aus eigenen Mitteln stemmen konnten, hatten wir auch bei geringeren Umsätzen keinerlei Druck. Aber als das Jahr 2010 gekommen war, in dem ich 63 Jahre alt wurde, ging mir mein Leben durch den Kopf, und ich fand, es sei genug der Arbeit. Ich hatte 45 Arbeitsjahre hinter mir und war davon 15 Jahre selbständig gewesen. In den zehn Jahren Bootsimport hatte ich weniger verkauft als geplant. Aber ich kam insgesamt auf 30 verkaufte Jachten. So schlecht doch nicht. Ich war müde.

Meine Frau und ich kamen zu dem Entschluss, dass ich auf einige Prozent verzichten könnte und mit 63 Jahren in Rente gehen sollte. Es gebe zwar knapp 7,5 % monatlich weniger. Aber in den zwei Jahren bis 65 hätte ich schon so viel aus der Rentenkasse bekommen, dass es 27 weitere Jahre dauern würde, bis sich die Kürzung rechnerisch negativ auswirken würde. Also ab meinem 95. Lebensjahr. Da mussten wir nichts mehr überlegen. Beide Geschäftsbereiche wurden zu Ende Mai 2010 aufgegeben. Die letzte Jacht aus der Ausstellung fand noch rechtzeitig vor Ende des Hallen-Mietvertrages einen Kunden. Ein Teil des Inventars wurde verkauft, ein Teil als Privatentnahmen gebucht und ein Teil verschrottet oder verschenkt. Nach Erstellung einer sauberen Schlussbilanz war alles beendet.

Dagmar machte einen Deal mit ihrem Arbeitgeber und war ab 2011 auch zu Hause. Nun konnte das Leben nochmal was bieten.

Aber es kam anders ***(Wer nichts von Krankheiten mehr lesen will, kann das Buch jetzt schließen)***. Noch nie in 45 Jahren Erwerbstätigkeit war ich ernstlich krank. Nach beidseitiger Beinvenenoperation 2011 wurde mir 2012 der halbe Dickdarm entfernt. Großer Darmtumor. Es riss uns den Boden unter den Füßen weg. Aber: Kein künstlicher Ausgang und bis heute, nach fast zehn Jahren, alles gut. Also dankbar sein. Als ich 2016 ein Auto ummelden wollte, kam ich beim Straßenverkehrsamt plötzlich nur die halbe Treppe hinauf. Meine Beine schafften es erst nach längerer Pause weiter. Einige Tage danach konnte ich gar nicht mehr allein gehen. Nur noch gestützt und gehalten durch meine Frau. Die Beine schlackerten haltlos herum und knickten ein. Und nun konnte ich auch die Arme nur noch schwer anheben und die Finger waren taub. Nachts kribbelte und schmerzte es am ganzen Körper. Hausarzt, Orthopäde, Neurologe. MRTs von Kopf bis Lende ergaben nichts. Der Neurologe stellte eine um 70% verminderte Nervenleitgeschwindigkeit fest. Diagnose GBS, Guillain-Barré-Syndrom. Eine schwere Nervenerkrankung durch Autoimmundefekt. Mit schwersten Cortison-Dosen und 80 Sitzungen Physiotherapie konnte ich die Sache nach etwa zwei Jahren auf ein akzeptables Niveau zurückbringen. Restliche Nervenschäden in Form von Sensibilitätsstörungen bleiben. Was aber wieder geht, sind Spaziergänge bis zu einer Stunde. Was nicht mehr geht, sind z.B. Gitarre spielen und angeln. Fürs Angeln an meist unebenen Ufern fehlt die Standsicherheit und das Fingerspitzengefühl für Schnur und Häkchen. Und das ist auch bei den Gitarrensaiten der Fall. Ich arbeite dran. Längere Strandwanderungen sind auch nicht mehr drin. Einer der Gründe, warum wir unsere Wohnung an der See aufgegeben haben. Und der Plan, nun wieder viele andere Reisen zu machen, wurde zuerst durch einen doppelten Bandscheibenvorfall 2019 vereitelt, und in Folge durch die Corona-Epidemie.

Zwei Jahre nach den Grausamkeiten des Zweiten Weltkriegs geboren und persönlich, wie geschildert, an den Folgen gelitten, hätte ich niemals geglaubt, dass sich Ähnliches nochmal ereignen könnte. Aber während ich all dies niederschrieb, wurde die Welt durch den unvorstellbaren Fall eines neuen Krieges auf dem Europäischen Kontinent erschüttert. Ich bete bekanntlich nicht mehr. Aber jetzt mache ich eine Ausnahme.

Herr, bring Frieden auf die Welt! Amen.